佛山市藝術創作院
ART INSTITUTE OF FOSHAN
创艺丛书（第八辑）

十二邀

湾区作家访谈录

朱郁文
苏沙丽　编　著
廖　琪

暨南大学出版社
JINAN UNIVERSITY PRESS

中国·广州

图书在版编目（CIP）数据

十二邀：湾区作家访谈录/朱郁文，苏沙丽，廖琪编著 . —广州：暨南大学出版社，2023.9
（创艺丛书. 第八辑）
ISBN 978 - 7 - 5668 - 3630 - 4

Ⅰ.①十…　Ⅱ.①朱…②苏…③廖…　Ⅲ.①作家—访问记—中国—现代　Ⅳ.①K825.6

中国国家版本馆 CIP 数据核字（2023）第 068120 号

十二邀——湾区作家访谈录
SHIER YAO——WANQU ZUOJIA FANGTAN LU
编著者：朱郁文　苏沙丽　廖　琪
....

出　版　人：张晋升
责任编辑：潘江曼
责任校对：刘舜怡　黄子聪
责任印制：周一丹　郑玉婷

出版发行：暨南大学出版社（511443）
电　　话：总编室（8620）37332601
　　　　　营销部（8620）37332680　37332681　37332682　37332683
传　　真：（8620）37332660（办公室）　37332684（营销部）
网　　址：http://www.jnupress.com
排　　版：广州良弓广告有限公司
印　　刷：深圳市新联美术印刷有限公司
开　　本：890mm×1240mm　1/32
印　　张：8.75
字　　数：190 千
版　　次：2023 年 9 月第 1 版
印　　次：2023 年 9 月第 1 次
定　　价：39.80 元

序

　　"十二邀"做到第二辑，多少积累了一些经验，但时间和精力有限，此辑邀请到苏沙丽博士加入，我和廖琪、沙丽分头采访作家，然后合成一辑。

　　本辑的十二位作家身处广州、深圳、东莞、香港、澳门五地，相比第一辑算是由佛山而广东而湾区，无论是作家身份还是作品面貌，更具多元化和丰富性。

　　作为一个从东北来到岭南多年的作家，鲍十将东北和岭南作为写作的两个"根据地"，一边以"回望"姿态进行"东北平原写生"，一边本着"吃透"精神书写"广州风情"。乡土的"原生印记"使其一直聚焦乡土题材，而不轻易触碰自己"把握不了"的城市生活。他对自己的身份、写作，对文学与电影的关系，对阅读、写作、编辑之间的关系有着清醒的认知，心中有持守，又不因循守旧，注重个人感受和个人经验，不迎合时尚和主流。他推崇"文发乎心""为心而写"，力争留下一点儿诚实的文字。他不是一个"聪明"的作家，却是一个有信仰的作家，他的文字写就的是这个时代难得的"生活书"。

　　张欣爱广州，几十年笔耕不辍，以极为高产的城市书写讲述着独属于她的广州故事，其作品无论是时代背景和氛围，还是题材和故事类型，抑或是人物的性格与观念，都有种种"南方都市"特色，或者叫"岭南气质"。她说"日常即殿宇"，小说最难的是写日常，很多作家因为太小看生活，而写不好日常。她认为作家不应该沉湎于过去，而应该跟着时代走，对生活保持开放姿态和好奇心，写出当下的感受。张欣丝毫不讳言自己所秉持的轻松文学观，重视市场反响，心中有读者，不能接受过于弱化情节和故事的叙事方式，也不在乎是否会因之被归入"通俗文学"之列。她的都市写作摆脱了农耕文明和乡土文学思维，背后是现代城市观念和都市感的确立。

黄灯身上有着清醒而自觉的知识分子的情怀和担当，同时保持着一种对自我身份的警惕。无论是《大地上的亲人：一个农村儿媳眼中的乡村图景》，还是《我的二本学生》，都是她作为知识分子进行自我省思的必然结果，那些文字皆来自她的生命经验，是一种"内化"的"有我"的写作。她认为作为一个非虚构写作者，应该受到写作伦理的限制。一个人要写作，就要彻底回到最内心的层面，跟自己不断地对话，把自己最真实的东西剖析出来。在南方生活多年，为黄灯提供了观照家乡的视野和资源，激活了以前的生活经验，而对自己在新媒体上"走红"，对自己的文字所引发的讨论和争议，她有着坦率而清醒的认知。

与大多数南来打工者不同的是，谢湘南一开始就带着明确的作家梦。除了"打工文学"的共性特征，他的诗歌写作受到"第三代诗人"和西方现代诗歌的影响，既有着强烈的现实感又饱含哲思和批判意识。他并不否认自己的打工者身份，但他排斥被贴上"打工诗人"的标签，认为这样的归类是对自己的限制和遮蔽。他所认知的诗歌是一个大的概念，是世界性和整体性的，而非以内容与题材来区分。他认为先锋性对一个诗人而言是必要的，它意味着尝试、探索，甚至是反叛。谢湘南的诗歌写作与深圳这座城市一直有着密切的关联，在他看来，深圳是一个有着丰富文学性的城市，深圳的文学生态是一种正在生成的生态。

太皮（黄春年）作为澳门在地作家，其写作有着明显的地域色彩，题材和人物多涉赌场，消费主义和商业气息浓郁。太皮在中学时代就开始做不同的兼职，毕业后在不同的传媒机构当编辑、记者，也曾在赌场打工，并在澳门的社团组织参与社会服务，见到不同社会阶层的人，这些为其写作提供了大量素材，也使其作品有着丰富的社会性。他坦诚澳门出版业不发达、读者少、缺乏评论，由此导致创作环境不佳、文学生态不完整，但同时也觉得在澳门写作的自由度比较高。太皮是一个极具标识度的作家，他的小说无论是所涉题材、故事情节、语言风格，抑或是主题的传达，都迥异于内地作家的作品。作为一个身居"边缘小城"的写作者，他希望凭借一份热心，"写一部打破地域局限的大作品"。

丁燕是典型的双城作家，从大西北来到岭南，从乌鲁木齐到东莞，"克服了太多来自生活、采访和写作的困难"，历时十年写出"工厂三部曲"，"硬是在原本陌生的题材里找到了一块自己的小天地"，"确立了自己作为作家的价值"。乌鲁木齐和东莞之于丁燕，如同生母和养母，一个让她难忘，一个令她充满感激。由迁徙带来的两种生活、两种气场的撞击，深刻影响了她的文字，

"并最终形成了一种刚柔并济、雌雄同体、南北混合的中性风格"。她认为自己是一个"极繁主义者",其澎湃而饱满的文字与新疆这个"颜色浓烈的地方"密不可分。她对中国从农业社会到工业社会的转型非常敏感,希望能以沉郁博大来写出这个时代的痛感。

吴君的写作同样跟深圳这座城市有着密切的联系。用她的话说,深圳是其小说的中心词。通过以深圳为背景的小说,吴君"展现大时代变迁中人物内心的裂变、驳杂、纷繁、曲折和多维",让我们看到深圳的发展轨迹,以及这轨迹上的人的命运。她不回避那些触动自己的人和生活,直面城市的冷暖,避开宏大叙事而将笔触聚焦小人物,大时代只是个流动的背景。吴君说自己在阅读上喜欢现代主义作家的作品,而具体到写作,却偏重于现实主义。她认为每个作家都应该有意识地对既有的写作规则进行审视和超越。

陈崇正说他 2009 年前后开始有了明确的写作方向,用他的话说就是找到了自己的"道"——"寓言式写作"。尽管很多人并不看好他的写作路数,但这个 80 后作家依然坚持这种创作路径,他希望"通过镜像和寓言的方式来呈现这个世界带给我们的冲击"。潮汕文化、平行宇宙、现代科技、准科幻等元素的渗透,使他的作品呈现出一种异质性。他主动向"新南方写作"靠拢,并以此为坐标来确认自己的写作方向。他认为作家不能太"佛系",不能闭门造车,必须融入时代的洪流,他希望自己的写作"有一种未来朝向的眼光"。

作为成名较早的 70 后作家,周洁茹并没有"趁热打铁"一鼓作气地进入主流文坛，而是在盛名之际旅居美国，而后移居香港，做起了文学刊物的编辑，同时"回归写作"。而此时，距她成名已二十年。她的体会是，"要毁掉一个作家就让他去做专业作家"。无论是写作还是人生的选择，周洁茹都显得很"自我"。她说她与任何地方都形成不了一个固定的关系，她的写作不与任何人发生关联。她不把自己定位为香港作家和70后作家，地域、代际这些并不在她的考虑范围。她在意的是人，是如何运用极简的语言把人写通透。

黄礼孩是优秀的诗人，同时也是民间诗歌的推动者和推广者。作为诗人，他"希望在写作上能够灵活运用汉语，写出有辨别度的诗歌，写出能够触动心灵的诗歌，能够与当下发生关系的诗歌"。他的诗歌既仰望星空，又观照大地，他的诗歌里有人，有爱、孤独和恐惧。他有着诗人天生的敏感，对诗歌有信仰，多年来始终孜孜不倦地以多情的诗行构建内心渴望着的乌托邦。

王十月有着作家和刊物主编两种身份，而且都做出了不凡的成绩。作为刊物主编，他以"内容经典化，传播大众化"为办刊策略，策划了"大家手稿""民间诗刊档案""经典70后""大匠来了"等经典栏目，引起业界反响；同时，通过组建评刊团、策划"内刊之星"以及运营微信公众号、抖音等各种新媒体，大力推广刊物，扩大刊物的影响力和知名度。作为作家，他坦言自己是个普通的写作者，写作的驱动力一直是"过上好一点的日子"。他自豪于曾经记录了一代打工者的生活，也自负于写出《如果末日无期》这样带有科幻元素的作品。从早期的"打工文学"到晚近的未来现实主义，虽然谈不上高产，但始终可见一颗赤诚的心灵。

阿菩（林俊敏）是广东网络文学代表性作家，他有着民俗学、历史学、文艺学的专业背景，对传统文化、历史、文学都有着理性的系统的认知。对历史、上古神话的浓厚兴趣成就了他早期的写作，"山海经系列"试图把零散的上古神话谱系化，用小说来为神话玄理与量子力学做媒。他的作品有着史实的支撑，想象里有历史的影子和远古的文明。对网络文学的兴起、传播、转化和前景，阿菩也有着清醒的认知，他认为网络文学创作的广袤土壤仍然是中国传统文化。

上述十二位作家以 70 后为主，同时包含几位 50 后和 80 后，地域性的迁徙流转在不同程度上影响了他们的写作，这一点也是我们在访谈中所侧重的。在他们身上，可一窥广东/湾区文学生态之独特性。

朱郁文

2022 年 12 月于佛山

目　录

　　鲍十：中国作家协会会员，广东省作家协会主席团成员。出版中短篇小说集《拜庄》《葵花开放的声音——鲍小说自选集（1989—2006）》《生活书：东北平原写生集》《芳草地去来》《纪念》；长篇小说《痴迷》《好运之年》《我的父亲母亲》；中篇小说单行本《岛叙事》；另有作品被译为日文、俄文、英文发表。

　　中篇小说《纪念》改编为电影《我的父亲母亲》（影片获得柏林国际电影节银熊奖、伊朗国际电影节最佳影片奖、中国百花奖最佳故事片奖、金鸡奖最佳故事片奖、华表奖优秀故事片奖），电影《樱桃》（影片获得日本东京国际电影节提名奖、印度国际电影节金孔雀奖、上海影评人奖）被改编为同名电影连续剧，并于 2013 年 11 月在日本拓殖大学公演）。若干中短篇小说被《新华文摘》《小说选刊》《小说月报》《中华文学选刊》《小说精选》选载，并被收入《21 世纪年度小说选》《世纪中国文学大系》等多种年度选本。

鲍十：从东北写生到岭南叙事

朱郁文×鲍　十

东北·岭南

朱郁文：先从您最新的两部小说（集）说起吧，《岛叙事》我觉得跟之前的作品不太一样，就我的阅读感受来说，好像突然进入一个陌生的空间，我相信对您来说，应该也是一个很陌生的题材。为什么会写这样一篇小说，素材是从哪里来的？

鲍　十：写《岛叙事》其实是很偶然的，原来是没有想过要写海岛这些事物的，后来有一次参加《花城》的笔会，去了万山群岛，就在珠海那边。当时我们租了一艘冲锋舟，然后乘着冲锋舟转了好多个岛。转的时候我内心突然就有一种感觉，感觉"岛"这种存在太有意思了。后来我在文章里面也写过，可能是岛的那种状态契合了我这种人的性格。四面环水，它就静守在那里，孤独、游离，却有一种独居汪洋中的自在，我觉得很有意思。我觉得我就是这样一个游离的人。我最早是先有了对岛的这种感觉，然后才琢磨要写这样一个小说，是慢慢往这个方向想，想成熟了，就写出来了。

朱郁文：那这个岛，包括里面的主人公云姑婆，有没有原型呢？

鲍　十：没有原型。

朱郁文：我以为是有原型的，因为我看完整篇小说后感觉您是在掌握了很充分的资料，包括对某个岛的了解，对主人公的某个原型身世的了解，之后才能写得如此有真实感。您刚才说是先有了对岛的那种感觉，那种感觉契合了您的内心，然后才慢慢地构想出这个小说，就等于说是完全虚构的。

鲍　十：对，就是这个样子。这个小说完全就是一个"观念先行"的作品。其实就是为了写岛，为了表达内心对岛的那种感觉。但是写的过程中我还是做了很多工作的。我让珠海那边的朋友帮我在图书馆里找关于海岛的资料，他们甚至一本书、一本书地复印了给我寄过来。

朱郁文：有没有虚构类的作品作参考，比如别人写的小说？

鲍　十：没有。我要写这个故事，我就要把它做实。虽然这个故事是虚构的，但是我要把它做实。

朱郁文：在"做实"这一点我觉得非常到位，所以您刚才说没有原型时我还有点意外。这个小说是以主人公云姑婆的人生经历为线索来叙述的，所以我觉得作品直接以《云姑婆》来命名也未尝不可，为什么用了《岛叙事》？因为听这个名字感觉不太像是一部小说。是否也是为了突出您刚才说的，岛给您的那种感受？

鲍　十：对，是的。我以前写的小说一直是奉行这样的理念，就是注重表达自己的感受，把自己的感受外化。这个小说的名字也是这样一个因素。最早我也想过用"云姑婆"，也想过别的名字，但最终还是决定就用"岛叙事"。我是把"岛"当作一个主体而不是一个客体来写的。

朱郁文：我看到有些评论说《岛叙事》表达的主题反映了传统的文化习俗和生活方式在现代化进程中的一种命运，里面包含了传统和现代的一种对抗关系。这种解读是不是跟您刚才说的那种感受有差距？

鲍　十：其实我在写作的时候没想那么多，我还是按照自己的想法把想要表达的东西呈现出来。这个小说发表之后，有几个人写了评论，其中王春林教授写过一篇《借一方小岛凝结历史风云——关于鲍十中篇小说〈岛叙事〉》，他就提到了小说里有三个时间节点，实际上我写的时候也没有想到，但是我觉得他说得也是有道理的；还有江冰教授也写过一篇《鲍十追问：波涛之间人生何以跌宕起伏？——读中篇小说〈岛叙事〉》，我觉得也挺有道理。只是我自己创作的时候并没有想到那些层面。

朱郁文：这些评论也说明您的这个小说文本的丰富性，可以从很多方面去解读它。作家写的时候可能不会想那么多，读者、批评家的解读和作家的想法也可能不一致，但二者并不是相互否定的，批评家的阐释也许可以反过来让作家对自己的作品有更多的了解。

鲍　十：是的。就像王春林、江冰、杨汤琛他们写的评论文章，很多东西最初我是没有意识到的。他们一说我才意识到了，就是通过他们的评论、总结和归纳我才意识到。

朱郁文： 因为评论家和作家的视角是不一样的，思维方式也不同。

还有一本小说集《纪念》。这个集子里面的小说跨度非常大，从发表时间来看，有三十年前发表的，有一二十年前发表的，也有近十年发表的；从题材来看，有东北题材的，也有广州题材的，有写乡村的，也有写城市的，我个人觉得是比较全面地反映了您的作品面貌。不知道在编排的时候是怎么考虑的？

鲍　十： 是有一点想法。这个集子其实是一套丛书中的一本，这套丛书叫"走向世界的中国作家"，难得有这么好的一个版本嘛，我就想借这个机会把自己的创作总结一下，尽量选些有代表性的、各个时期比较好的作品放在一起，使其大体上可以看出我整个写作的脉络，有一种"回望"的意思。

朱郁文： 我个人的感觉是，如果一个读者有心了解您，但又不想把全部作品都读了，这个集子应该是比较好的切入。如果单看早期的中篇小说《纪念》，或者是"东北写生系列"，对您的了解可能就不全面。我也是看了您的这个集子之后才对您有了一个更全面的认识。从编排的顺序来看，前半部分算是写东北的，后半部分，从《西关旧事》那篇开始往后，都算是写广州的，有人把它称作"广州风情系列"。您是从什么时候开始关注这些南方题材，并有意识地把它们纳入自己的写作当中的呢？这是一个有意识的过程还是一个无意识的过程？

鲍　十： 这是一个有意识的过程。我是通过工作调动从东北移居到广州来的，当我决定来广州的时候，我在东北的文友、老师、同伴都说，你一个写小说的，还跑那么远，不等于是离开了根据地吗？当时我说，一个作家还是见识多一点比较好，而且我离开这个地方不等于说我就忘了这个地方，我还可以回望，可能感觉不同，我和它的距离会产生其他更多、更深厚的东西，于是我就来广州了。到广州之后，出于工作上的考量，我需要写一些新的生活地的作品，这是一个因素；另一个因素是，我来广州之后，接触了广州的市井生活，自然会有感觉，有感觉之后我就写了一些小说，后面的小说基本上就是这种。后来我就成了一个广州人、一个广州作家，无论是为公还是为私，都有为广州写一点东西的责任。为了写这些小说，我也是做了功课的，还曾经去街道挂职，目的就是要更多地了解广州这个地方的风情以及那种广州味道。

朱郁文：那您在处理这些题材的时候和处理东北题材时的心境一样吗？毕竟一个是自己的故乡，一个是新来的地方。

鲍　十：应该是有差异的，但是我也没有具体想出这种差别体现在什么地方。只是写的时候感觉到了。我来到广州之后也有在写东北的小说，《生活书：东北平原写生集》有一大半是在广州写的。在写这个集子的同时，我也在这儿体验生活，后来又开始写以广州为背景的小说，同时在做这两件事情。当时我就有不同的感觉，要写东北的小说，打开电脑，或者铺开纸，那种感觉就非常丰满，"呼"的一下就出来了，马上就可以写。写以广州为背景的小说时就没有这种状态，要想，要仔细想，慢慢地想，才能把那个东西找出来。这种细微的差别我是有感觉的。

朱郁文：这个我能理解，毕竟在东北地区待了那么久，很多东西早已藏在心里了，感觉是在那里的，当您要写的时候它就喷薄而出，不需要做太多的功课。但是，来广州之后，您可能要在有意识地接触、了解这边的生活之后，经过构思，才能慢慢找到那种感觉，它不会一下子都生发出来。

鲍　十：对对对。这种差别我自己是知道的。

朱郁文：说到体验生活，这些以广州为背景的小说，我读的时候感觉无论是风俗也好，人们的日常生活也罢，都写得非常自然和真实，没有那种"隔"的感觉。我也接触过其他一些外地作家写本土题材的作品，有时候为了表现自己写作的本土化，作者会有意地纳入一些相关的素材，但写出来的效果不好，一看就知道不是本地人写的。但是我读您的这几篇小说完全没有这种感觉，包括《西关旧事》中的那个阿婆，《在小西园饮早茶》中那些在早茶店饮茶的人，《卖艇仔粥的人》里的麦叔，包括《岛叙事》里的云姑婆，都写得非常自然、真实，我觉得如果只是经过一般泛泛的体验是写不出来的，您在这方面有什么经验吗？

鲍　十：两个字——吃透。广东有很多外来的作家，我觉得如果是写深圳这样的现代化程度高的新移民城市，你可以忽略一些地方文化的因素，但一些老城，像广州、佛山、东莞、惠州，尤其是写这些城市的老城区和原住民，那就得吃透，这一点非常重要。一个不经意的细节，不经意的词汇，你要是吃透了就会去掉那种夹生的感觉，就会融入这个文化范围之内。还有就是，我在写这几个小说的时候，多数是有原型的，像《冼阿芳的事》《西关旧事》《在小西园饮早茶》里面涉及的几个主人公都有原型。

朱郁文：您是直接跟这些原型接触，还是通过资料去了解这些原型？

鲍　十：有的是接触了的，像《西关旧事》里那个阿婆，就像我写的那样，我就是带个翻译，反复跟她聊，聊了很多次，然后慢慢地找到感觉，最关键的还是要吃透她。

朱郁文：对。您刚才提到这些，我也很有感触。尤其是外地人写本地的题材，尤其涉及要写老城风情或者原住民的那种生活方式，如果是了解得比较浅的话，就很难写得不让人产生隔膜。当时是什么契机让您从东北调到了广州呢？

鲍　十：我是属于人才引进，我来的时候是 2003 年。2000年的时候，广州跟哈尔滨有一个活动，叫作家互访，我当时是作为哈尔滨作家的代表来广州的，然后我觉得广州挺好玩、挺有意思的，气候也好，他们也觉得我这个人蛮好，就把我调过来了。

朱郁文：一般人从一个待久了的地方，尤其是自己的故乡，调到一个很远的外地，可能会要慎重考虑。对于您来说，当时是因为这边的待遇、物质条件好，还是说有意要开拓自己的眼界、丰富自己的阅历？哪一方面的考虑是主要的？

鲍　十：影响因素比较复杂，算是一种综合考虑。工资待遇倒没有怎么考虑，可能拓展生活空间是一个考虑因素，另外就是好奇，因为我在北方已经生活半辈子了，那在南方生活半辈子也未尝不可嘛，当时就这样想。

朱郁文：有点像现在常说的寻找诗和远方。

鲍　十：对。有点孟浪之气。

朱郁文：您在广州生活也快 20 年了，对广州总体的感觉是什么样的，觉得它是一个怎样的城市？

鲍　十：我还是比较喜欢广州的，但偶尔也会想一下哈尔滨怎么样，广州怎么样，也会想一下两者之间的异同。广州是挺适合我这种散漫的人生活的，就是没有那么严格，工作时间安排没有那么紧，相对而言比较松弛一点。

朱郁文：那您在处理南方题材的时候有没有语言上、文化上的障碍？因为我看到您在写人物对话时，有的地方用的是普通话，有的用了方言，这些处理是出于一种什么样的考虑？

鲍　十：首先有一点自己得承认，你是外乡人，不要说我写广州小说，我就是广州本土人，不是这样，一定要弄清楚自己的身份。就是作为外乡人，来到广州觉得这个城市挺好玩儿，觉得这些东西挺有意义，所以把它写出来了。在弄清楚这个前提之下，再对它的文化进行更多的融合。不要冒充本地人，不要试图糊弄读者，否则适得其反。对自己的身份保持清醒，别人才不会过多地去"挑剔"你。你可以说明白：我是用外乡人的眼睛看的，是我眼里的本土文化，而不是本土人眼里的本土文化，那么他们就会宽容你。

朱郁文：作家对自己的定位很重要，不然很容易迷失。

鲍　十：对。还有就是诚实。

朱郁文：那您目前的写作是专注于南方题材还是南北兼顾？

鲍　十：两方面兼顾。在我关于北方的小说里，你如果留意会发现我有一部分写的是一个叫霞镇的地方。关于霞镇的小说我是想要当作一个东西来经营的，但是写着写着就把它放一边了，究其原因，是受到包括工作调动等种种因素的影响。现在我退休了，就有时间来折腾这点事儿。我发现霞镇这地方还是值得"回去看看"，所以我最近准备比较用心地写一个关于霞镇的小说，把这地方再经营一下，这算是北方题材吧。同时，南方海岛这个题材我也要继续经营，我现在正在写的就有另外一个关于海岛的小说，我要把这些计划完成。此外，以广州为背景的小说我还要再写一点儿，起码再写一些短篇，因为也是积累了好多。

朱郁文：也就是说，总体上会涉及三个空间，东北、广州、海岛，对吧？

鲍　十：对。

乡村·城市

朱郁文：您的作品基本都是乡土题材，能感觉到您对乡村始终有一种难言的情感（也可以说是乡土情结），您在城市生活这么多年了，对城乡的变化有什么感受？为什么这么多年始终坚持乡土题材的写作？

鲍　十：这个可能跟自己的出身有关系。我在城市定居了那么多年，可是我总觉得城市的东西把握不住，这是老实话。如果硬要写，实际上也可以写，写一些流行的故事，是完全可以写的，包括打工题材。但我总觉得把握不了，就是没有找到那个命脉。后来，我总结就是城市的变化太快了，让人眼花缭乱，抓不到本质性的东西，所以我不敢轻易去写它。而农村呢，我是自小在那儿长大的，二十几岁之前我一直都是在农村这个环境里生活，太熟悉了，就算是现在做梦也是梦到小时候在乡里的事儿，城里的事很少会梦到，这就是人的出身，也就是那种原生印记。

朱郁文：其实我也注意到，您并不是所有的作品都是乡土题材，比如《我的脸谱》《走进新生活》《在小西园饮早茶》《一枚书签》《买房记》，包括《芳草地去来》里也有一部分是涉及城市生活的。但是我觉得，这些作品的"城市味"并不明显，感觉算不上城市小说。如果非要找一篇城市味浓一些的小说，最后那篇《买房记》给我的感觉还算强一些，因为这篇小说丝毫不涉及农村，而且主人公的那种经历和感受是不可能在农村出现的。为何会想到写这样一篇小说？您有过类似的买房经历吗？

鲍　十：其实就是我买房的经历，记录了我买房的过程，客观过程，加上心理过程，把两个方面放在一起，就写成了这个小说。它是完全去掉了人物的原生背景，就是单纯放在买房这个问题上，然后在一个很小的主题——担心被骗上深入。现在的时代太喧嚣，人们都有种不安全感，这篇小说写的就是这个东西。实际上我觉得是一篇很差的小说。

朱郁文：可能是因为我们是从乡村来到城市生活有过类似经历的人，读起来还是蛮惊心的。您有没有想过写一些纯粹的城市题材？不是写城中村那种，比如写白领、高管，写工薪阶层，写时尚一些的东西？

鲍　十：我可能不会写你说的这类小说。刚才也说了，从能力上来说，我写作了这么多年，有在文字里浸润了那么多年的功底，这些是能写出来的。但我觉得这些东西没有价值，其文学的价值非常低，所以我不会写。可能这也是偏见吧。

朱郁文：尽管您的作品绝大多数是乡土题材，但我注意到很多作品是有知识分子存在，抛开很多作品的叙述者"我"不说，像《芳草地去来》《走进新生活》《我的脸谱》《一枚书签》《买房记》等，而且书中这些知识分子形象都是充满复杂性和矛盾性的，比如《一枚书签》塑造了一个"另类"（跟其他系列人物相比）的人物，一个喜欢文学且带有分裂型人格的人，您在现实生活中遇到过这样的人吗？通过塑造这样的人物主要是想表达什么？或者说在这些人物身上有着怎样的寄托？

鲍　十：这个倒是没有想那么多。我讲讲《一枚书签》，我想呈现的是人内心的和精神层面的东西，包括前后的那种变化与矛盾。其实这是我在饭桌上听别人讲的一个故事后才产生了灵感，我听的时候就隐约觉得有意思，它背后是有一点内涵的，我就把它写出来了。

朱郁文：现在有一种批评的声音也常听到：有的作家一边在城市里活得滋滋润润，享受着城市的便利，一边怀念着乡村，美化着乡村，显得矫揉造作，您如何看待这个问题？

鲍　十：这个问题怎么说呢？第一就是这种说法也许过分了，这种现象其实并不多，可能是有这种文字，就是一味地说乡村怎么美好啊，怎么值得怀念啊，我也听过这种说法，但是真正读到的不多。另外，我写乡村生活的时候，我绝对不是去美化它，凡是我写到的都是在客观地呈现。因为我看到很多东西，它里面是不美的，甚至说有一点丑陋的东西。

纪实·虚构

朱郁文：我知道无论是写"东北写生系列"，还是写"广州风情系列"，您都走访过很多地方，查阅了很多文献资料（地方志、掌故逸事、民间传说等），您是如何获得这些资料的？在将文献中的素材转化为小说故事情节的时候，您觉得最大的困难是什么？

鲍　十：有一些小说，是不借助任何资料的，完全是印象的东西，可以说是哪天突然有感觉了，就把它写出来，我前期的作品似乎都是这样。至于有意识地去找资料、走访，去体验生活，是后来才有的。像《生活书：东北平原写生集》，就不是我内心突发灵感有感觉后写出来的，而是我有计划要做的一个工程。我的设定就是写一组短篇小说，是一个系列的，然后每一篇小说的名字就是一个村庄的名字，在写关于这个村庄的小说时，直接把这个村庄的状态写出来。那么众多的村庄放在一起就会形成一个面，就会把地域风情、文化内涵以及一些政治因素等其他的东西容纳进去。想要写这种小说，光凭感觉和内心积累的东西显然是不够的，就需要到各地去看，要找资料。我当时就两个做法，一是走，把周围能走的村落都走一走，跟各种人聊天，等于是采访、体验都有；二是找资料，那些能够找到的资料，能在写作中用到的资料，那些史志、县志，包括一些逸事等。

朱郁文：就是说，您是先有了这样一个想法，要写一个跟村庄有关的系列小说，然后相关内容需要去查资料，需要去了解更多的东西。而不是您走访了这些地方、查了资料之后才有了要写的想法。对吧？

鲍　十：对，先后顺序是这样的。

朱郁文：每一篇小说的名字以及总的系列名，都是事先定下来的吗？

鲍　十：那不是。名字是写的时候或写完之后定的。写的时候就是按资料里的名字，比如说张家屯，我就用张家屯，但后面我会把它改掉，让人们找不着我写的是哪儿，让他们骂我的时候找不到这个具体的地方。

朱郁文：这个系列题为《生活书：东北平原写生集》，然后每一篇都是以村庄命名，还有很多小说像《春秋引》《为乡人作传》《我的脸谱》，从这些名字来看感觉是偏向写实的。当时在命名的时候，您是不是有意强调这个"写实性"？

鲍　十：是。这也是我最初想要的东西。我有自己的考量，这个东西肯定是要从实际生活中来，是真实的，但是写出来又要是假的，就是把真的写成假的，把假的写成真的，是这么一个过程。

朱郁文：标题之外，您经常会在小说中插入几句话或者直接加个"后记""补记""附记""开宗明义"等来交代一下故事的写作，比如《得胜台》《三合屯记事》《闹秧歌》《泽地的恋情》《冼阿芳的事》《一枚书签》等，我觉得直接去掉似乎也不会对小说主旨的表达和氛围的营造产生影响，但是加上似乎又多了一些不一样的感觉，这种写法的用意是什么？是对您刚才说的"真""假"关系的一种互补和强化？

鲍　十：对，所有这些都是有意识的。我实际上是想说，不要把小说写得太像小说了，我也一直在做这个努力，所以我的小说越写越不像小说。只要写得很像小说，我就觉得不行。像《买房记》《走进新生活》这些，太像小说了，写得没劲。我后来就想做一件事，就是把小说写得不像小说，实际上又是小说。我是有意识做这种事情。

朱郁文：那您所说的太像小说的小说，一般有什么特点？

鲍　十：就是情节很完整，故事很吸引人啊，就像《水浒传》那种，我后来越来越不喜欢这种小说，越来越喜欢那种随意性比较大的小说。我当编辑这么多年，那种太像小说的小说看得实在是太多了。这种小说偶尔读之，可能会觉得很好玩，但若像我这样当职业编辑的，每天都要看这类小说，没有任何个人化的东西，看多了真的会厌烦。

朱郁文：您说的这个问题我觉得现在还是挺普遍的。很多人觉得所谓小说就是讲故事的嘛，那么就要尽量把故事讲得完整一些、动人一些，要能够抓住读者的心。我觉得这种观念在当下是比较流行的，我也听到很多作家说这个问题，他们就认同小说就是要写得非常有故事性、戏剧性。

鲍　十：这个东西也不好说它对与不对，我刚刚说的是基于我个人的感受，这种感受促使我写小说时就想着要突破这种东西。但不能说我不喜欢，它就不是好小说，这完全是个人的一种感觉。

朱郁文：这和个人的审美趣味有关。

鲍　十：对，是我个人的审美趣味。

朱郁文：虽然您的小说风格在总体上是比较一致的，但是如果细读还是能感受到其中的差异，像《春秋引》，文字上相对就比较繁复一些，而且将人物行为、心理和环境（天气）描写以一种奇特的方式融为一体，给人一种现代派的感觉。您在构思写作一篇小说时，如何确定它的基调？或者如何确定要传递一种什么样的氛围给读者？

鲍　十：这个问题很有意思。在我个人的作品里面，我觉得写得最好的是《春秋引》。我自己最喜欢、能够拿出来显摆的小说就是这篇。一个作品的产生是有背景的，还有一些潜在的因素。这个小说它是怎么样产生的呢？它也是一个主题先行的作品。在写这个作品之前我也曾想过一些高大上的问题，比如：尽管社会在不断变迁，生活在不断变化，但是社会架构是永远一样的，比如底层它永远是底层，不会有任何变化，农民，便是这个社会的最底层，是整个社会的基础。这是最早的想法。后来我就想到要写一篇比较有高度、比较深刻反映农民的小说。那怎样才能写好呢，就写他生活的状态。后来就越想越具体了，就想写一个农民一生中的两天，先写春天的一天，再写秋天的一天，用这两天将他的一生呈现，构思的时候就是这样。最后就成了现在这个样子。

这种小说就不能用写实的方式来写，不可能编一个情节怎么样的，只能是大的抽象，小的具象，用这种方式来表达，最后就找到了现在这个方式。特别有意思的就是，这个小说创作的时候非常有感觉，写得非常快，上午写了春天的一天，下午写了秋天的一天，作品就完成了。

这篇小说我是八几年写的，比较早了，那时我还在黑龙江艺术学校当老师。那天我在学校上班，我看没什么事就跑到一个空的教室，一上午就把上半段写完了。中午，在学校饭堂吃完午饭，下午坐在办公室靠窗的一个角落，又把下半段写完了。我喜欢这个小说，可能跟我当时的写作状态有很大关系。

朱郁文：读这篇小说，我感觉要表达的是一种农民的宿命，就是那种常态的、循环的命运。而且我读的时候能将它和另外几篇小说联系在一起，像《生死庄稼》，还有《为乡人作传》。这几篇小说风格上可能不完全一致，但在主旨上还是有一点接近的，都是表达农民的存在状态。

鲍　十：这几个小说跟很多农村题材的小说不一样，是我有意而为。我当时不想写张家长李家短的这类故事，我是想写出一种状态。实际上主题还是蛮大的，是有概括意义的，你能看出来我有一些和大家不同的想法，是吧？

朱郁文：就是说《春秋引》《生死庄稼》《为乡人作传》这几篇小说，跟"东北写生系列"的其他作品不一样，其他的可能表现人在某一个特殊时期的命运，包括他的生死之类的，还是能感受到它的这种故事性、戏剧性。但是这几篇给人的感觉，就像您所说的，它就是让您看到农民的一种状态，而且它是用一种比较诗性的、比较现代的手法表现出来的。

鲍　十：是，其实这几篇都有这个特点，说实话，我在写作上不想做那种因循守旧的人，我还是想找新的东西，还是想跟别人不同。

人物·情节

朱郁文：我注意到您的作品涉及几类人，最多的一类就是农村人（乡人），还有一类就是知识分子群体，一些旧式的官绅，以及像荷叶岛的云姑婆、卖艇仔粥的麦叔、《在小西园饮早茶》的几位老人、《葵花开放的声音》中养老院里的人，这些我归结为"被时代抛弃或者终将被时代抛弃的人"，不知道对不对？我感觉您在塑造这几类人物的时候，情感倾向是不一样的，可否简要说一下您希望通过这几类人传达出怎样的感受？

鲍　十：你的归纳很不错。我的小说确实写乡人的比较多，因为我的小说大多是以农村为背景的，大的归类应该在乡土小说类，我也自视为一名乡土作家。另外，我也写了一些与我个人类似的小知识分子，这样的小说主要来自个人体验。由此可以看出，我的写作特别注重个人感受和个人经验，不愿意去迎合其他的什么。当然，这样也会有一个问题，就是格局显得不够大。至于你说的"被时代抛弃的人"，确实是那样的，而且在描写他们的时候，我个人的感受也是比较复杂的，就像在唱挽歌。

朱郁文：刚才说的还是总体上的风格、特色多一点，我想问一些具体的问题。像在那个比较有名的小说《纪念》里，穿插了一个黑老汉与铁拐杖的故事。这个故事穿插了两次，中间一次，结尾又说了一次。对此我很好奇，因为我觉得这个故事本身跟小说的情节没有太大关系，这样的处理是有什么特别的用意吗？

鲍　十：那我问一下你，你看到这个故事觉得有没有什么意思在里头？

朱郁文：有一点意思，但是很难说出那种意思到底是什么。放到整个小说里面去看它，感觉跟您所描写的那个地方的人、那个地方的乡土、命运，有一点关系，但是要说具体有什么关系，又不太好说。

鲍　十：其实我和你感觉到的一样。首先它是我们那会儿流传的一个故事，我是听别人讲的。我写小说时也没想清楚为什么要把它放进去，它在里面会起到什么作用。但是我就隐隐约约觉得放在这里会有点儿意思，所以就把它放在这里了。就是说，我的想法和你所看到的差不多。

朱郁文：读者跟作者感受到的一样多，用在这里挺合适的。我们再说另一个小说《霞镇的驱逐》，刚才您提到了"霞镇"这个地方，我觉得霞镇在您的小说中占据了一个很重要的位置，相当于小说里很重要的一个空间，对吧？

鲍　十：对，一个小根据地。

朱郁文：《霞镇的驱逐》就是讲三个"小姐"在霞镇的遭遇。我注意到小说结尾通过两个人的对话提到了霞镇第一次放电影时发生的事情，就说当地的人看到了电影里的轰炸机，有人喊了一声，敌机又来轰炸了，然后人群呼啦一下就散了。

鲍　十：他们以为是真的飞机来了，都吓跑了。

朱郁文：结尾这样处理，是不是在暗示这三个姑娘的遭遇是必然的？或者在暗示霞镇这个空间跟外界的一种关系状态，这个外界我们可以理解为现代城市文明。有没有包含一种批判性在里面呢？

鲍　十：有的。我先讲一下这个小说是怎么产生的，我写这个小说时已经在哈尔滨工作了，霞镇原型是我老家的一个地方，当然名字不叫这个。有一年放暑假我回老家，我的中学同学带我去跳舞，还说去找"小姐"，我觉得"哎哟，这个地方也有这个"？然后大家一起就在那儿又跳舞又喝酒，闹了大半夜，我就产生了写这个小说的想法。最初也是一种模糊的状态，我就觉得这个东西是有意思的。你想想，这样一个闭塞偏远的小地方居然有"小姐"，你知道镇子上的人都相互认识，上下几代都认识，谁做点丑事一下就知道，名声一下子就会坏掉。他们还告诉我，"小姐"来了之后破坏了霞镇的一种稳定，有些男的就会去玩嘛！其中有一个还跟"小姐"结婚了，然后得了性病。这种事传得沸沸扬扬。我觉得这个很有意思。你可以把它看成：一个保守的地方，来了新东西，大家接受不了，大家吃惊，大家反抗，也可以多义来理解的。其实我自己也没想清楚，我是批判霞镇的这种闭塞，还是赞扬它，站在道德的制高点来守护这个清静的家园，但把那个结尾放上去感觉是不一样了。

朱郁文：我觉得那个结尾等于把霞镇那个地方的整体状态、氛围、文明程度交代出来了。至于您怎么理解，是在批判霞镇的人，还是批判外面进来的人，这可能要读者自己去理解。但是我觉得加上那个结尾是不一样的。

鲍　十：我跟你讲，里面有一个一群小孩用自制的弓射"小姐"屁股的情节，这算是一个核心情节了，这个是我同学讲给我的，我当时感觉这细节太牛了。

朱郁文：这个细节我也注意到了，原来是真事？

鲍　十：是真事。

朱郁文：这篇小说如果放在现在这个城市化、现代化背景下去解读，可以解读出很多层面的东西，像传统和现代，乡土文明与城市文明，启蒙批判，等等。

在您的作品中，我觉得《芳草地去来》也算是比较特殊的一个小说，虽然您的小说绝大部分都是乡土小说，但很多作品读起来给人的感受不是温暖，反而是阵阵的寒意，尤其是写到人在特殊时期的命运。这个小说能够让我感到有一种感动和温暖在里边，而且我觉得作品中您的个人体验多一点，不知道能否算得上是带有自传体性质的小说？

鲍　十：写这个小说也是在表达我的一种心声。写《芳草地去来》的一个契机是当时非常厌倦在单位上班，觉得非常没劲，想换个环境，比如去支教什么的，实际上我也做了努力，但是最后没有实现。我就用这个小说实现了我的愿望。当时我觉得一个知识分子，如果真的像主人公高玉铭那样在城里混日子，有什么价值呢？不如让他去能够做点贡献的地方，做些事情，他的人生也会因此变得丰满、丰富。构思的时候就是这样想的，然后把我在乡下时的一些感受和体验融进去，小说就这样写成了。这个小说发表之后还是有些反响的，那时候博客很流行，有很多人在网上留言，说写出了他们的心声。

朱郁文：从小的方面看，《芳草地去来》反映了您个人化的一些感受；从大的方面讲，它是对知识分子道路和命运的反思，就是作为一个知识分子，到底需要什么，应该追求一种怎样的生活。所以很多人读后感同身受也是这方面的原因，就像当初路遥的《人生》出来之后的反响，它其实也反映了很多知识分子——尤其是介于城乡之间的——纠结和焦虑，很能引起共鸣。我个人觉得是能够引起知识分子反思的。

鲍　十：对。反思多方面的东西，除了人生选择、工作选择，还包括我们需要什么样的爱情等。

朱郁文：对于《子洲的故事》，您曾说，"在这个故事里，子洲的父亲在群艺馆工作，业余写小说。生活穷酸，为人固执，身边没有人待见他。他的同学、朋友，包括他的老婆都不拿他当回事。而在他的老家，一个小镇上，人们对他的态度却截然相反。镇子上的很多人，包括他的初恋情人，觉得他能写小说，能在报纸刊物上发表文章，是很有出息的事。我就是要通过这样的一种对比，来表现这样一个现象。我也不知道这个现象能说明什么"。这种现象放在 20 年前是很符合现实的，但现在可能就不一样了，就是说如果将这个人物移到当下，他在城里的境遇可能变化不大，但回到小镇上估计也不会受待见。我觉得现在的知识阶层（文化人）的地位和处境也很尴尬，只是已经跟 20 年前的尴尬截然不同，您觉得呢？

鲍　十：我同意你的说法。《子洲的故事》是一篇伤感、伤情的小说，我写了一个小男孩龚子洲，写了他的爸爸和妈妈，写了他的爷爷，还写了他爸爸当年的初恋对象月欣阿姨，以及子洲在霞镇新结识的伙伴儿。实际上，这篇小说写的是一个文化人（或知识分子）在追求物质社会上的一种尴尬处境（他没有很多钱，连自己老婆都不待见他，觉得他无能）。这种处境，不敢说多悲惨，起码也是难堪的。但诚如你所言，时至今日，这种境况并没有改变，反而更加不乐观了。

朱郁文：与书写知识分子命运相对应的，我想到了另外一篇小说《为乡人作传》，我好奇的一个地方是，你写了三个小传，用的是同一个名字，分别叫作于有传（1）、于有传（2）、于有传（3），类似流水账一般去记录三个乡人平淡无奇的一生，为什么这样处理？您完全可以用三个不同的名字来写这三个人。

鲍　十：这个小说大的想法，跟《生死庄稼》《春秋引》相似。这三个人的故事，三个人的经历，实际上是真实的人和事儿，但是我把它们变成了一个人，经过这样一个处理，就觉得意思不一样了。明明是三个人的不同经历，用了一个人来表达，就等于是典型化了，内容看似压缩了，实际上是内涵扩大了。有心的读者会发现其中的意味是不一样的。

朱郁文：您说的跟我的阅读感受是一致的。您通过这三个同名传，把乡人的循环、自适的命运呈现其中。这个跟《生活书：东北平原写生集》里面的很多作品不同，后者多表现的是人特殊时期的命运，被迫害死了，或者说发生了一些非正常的事件等，《为乡人作传》表现的则是乡人的常态化的命运。

鲍　十：是的。

文学·电影

朱郁文：张艺谋导演的《我的父亲母亲》影响很大，所以一谈到您的写作，不可避免要谈到文学与电影这个话题，您如何看待二者之间的关系？

鲍　十：这要从几个层面来看。首先，文学和电影是艺术的两个门类，各自有对方取代不了的要素和特质，这个就不细说了；其次，好的电影，不管是中国的还是外国的，多数是从文学改编的或者说有着文学的底子；最后，为什么文学改编的电影会好一些？我觉得原因在于，一个作家写小说必须熟悉生活，对生活有很深的体验和感受，就是说写出一个小说来它有很深的底子。海明威有个冰山理论，大家都知道，一篇优秀的小说出来，它就相当于冰山浮在海面上的那极小的一部分，而海面之下的那一大部分就相当于作家的生活积淀。真正的好电影能给人带来心灵启示和震撼，而文学会提供这些东西。当然不是根据文学改编的电影也有好电影，但数量显然不多。原因就是它缺少文学中的那种厚重的东西。而编剧很多时候是被动地"接活儿"，他所要做的是"编"，尤其当他要凭空写一个本子出来时，不管他有没有生活积累，有没有深刻的感悟，情感有没有受到冲击，他只要把故事编圆就行了，硬编出来的东西其底蕴是可想而知的。

说到这里我要补充一点，很多人说看电影是为了放松娱乐，"我累了一天、辛苦了工作一天，我还到电影院里去受教育，去接受一些沉重的东西？""我就要找乐"。我觉得这种观点是对艺术、对人生包括对他自己的一种很浅薄、很不负责的认识。

朱郁文：这个我很有同感。我觉得这是一个误区，如果觉得白天做的事让你感到很累、很无聊与枯燥，那就是说在精神层面没有给你太多帮助，然后你下了班还去寻求一种低层次的快感，依旧对精神提升没有多大益处，这等于说是始终让自己的精神世界处在空虚状态，久而久之人的修养、层次和精神状态便可想而知。我觉得这不是一种调节，而是一种恶性循环。

回到电影这个话题，我前一段时间又重温了《我的父亲母亲》，看的时候还是蛮有触动的，中间几度泪目。反观当下的电影，虽然特效做得越来越强大，视觉效果越来越好，但总是没有看以前那些电影的感觉。您如何看待现在的电影？

鲍　十：我看的电影其实不是太多，当年我上黑龙江艺术学校，因为学的是编剧，要上观摩课（一周两次），那时候（20 世纪 80 年代）倒是看了不少电影。当时电影就给我留下一个观念，好的电影不是现在说的那种大片，也不是画面好的、音乐好的，我觉得好的电影是能够进入灵魂的电影，用现在的说法叫"走心"。现在看来这种观念似乎是落后了，我觉得自己已经远远跟不上这个时代了，被抛弃了。我觉得是挺悲观的一个事情。

我觉得现在的电影被带偏了，不知道从什么时候开始被带偏的，反正偏得很厉害，完全偏离了电影的本质。我觉得电影最核心的东西是要触及人的心灵，要给人以启示。它为什么会走偏？我觉得跟人类的发展有关，人类发展到今天已经进入科技时代。科技给人类带来的好处多还是坏处多，一直是有争议的，我个人比较倾向认为它带来的伤害大于好处。最主要的一点是科技使人的大脑变懒了，最终会导致人的创造力萎缩。

朱郁文：我觉得，现在的年轻人应该多数都不赞同您的这种观点，因为他们本身就是在科技中长大的，日常生活已经离不开科技了。我觉得科技层面的问题还不是主要的，目前的电影生态需要重新看待。上次佛山举办金鸡百花电影节，有一个大众评委选拔环节，我去做评委，我试着对一些应试者提了一个问题：说一部你最喜欢的国产片。不少人回答是《战狼 2》（《战狼 2》是那次电影节的一个展映电影），由此我就想到当下的电影生态的一些问题。思考我们的观众的审美趣味是什么？导演的审美趣味是什么？现在流行的东西是什么？就您个人的经验而言，您觉得当下的电影生态如何？我说的这个电影生态包括几个方面：一个是影视圈感兴趣的题材，导演们在拍什么电影？二个是观众喜欢、追捧的电影类型是什么？三是政府层面倾向于让什么样的电影公映？

　　鲍　十：这个问题有点大。我是这样理解，人类社会始终存在着两部分人，一部分是精英，另一部分是大众，不管你承不承认，始终存在着一个现象，即精英引领着大众往前走、往上走。但是，现在出问题了，现在的精英（权且还用这个词）不得不迁就大众，内容上的媚俗、单纯追求票房、利用民众心理做投机等。单就票房而言，客观来看，票房好的不全是好电影，票房差的也并非不是好电影，但当下的情况是，票房好的低水平电影很多，因为这些电影迎合了（注意是迎合而不是引领）观众的趣味。很多导演编剧都在放低身段、迁就观众，慢慢丧失了作为艺术和艺术家的价值。

　　朱郁文：有一个现象我不太能理解。就是我们很多优秀的经典的电影是在 20 世纪八九十年代和 2000 年前后拍出来的，但是越到后来好像越不行了。就拿第五代导演来说，他们在早期都拍出了不少好电影，但到后面他们都成名、成腕儿了，不缺资金也不缺资源了反而拍不出好电影，有人说他们集体沦陷了。您如何看待这个现象？

　　鲍　十：这个问题我倒没认真想过。确实有这个现象。我觉得有一个"场"的因素。就是刚才说的跑偏了，跑偏了之后就有一种观念进来，时间一长就形成一个场。我觉得就是票房这个指向标，导演都难逃这个魔咒。他们之间可能也会有比较，比如哪个大导演拍一部电影，票房不行，然后谁拍了一部电影票房很好，大家就会向票房好的那个看齐，比来比去，丧失了做电影的初心，它是慢慢沦陷的。

朱郁文：您说的这个场，这些年体现得挺明显的，喜剧类恶搞类以及主旋律战争题材的涌现和受宠，背后其实就是票房在主导。说了大的方面，现在谈谈小的方面。是什么样的契机使您从文学跨界到电影？

鲍　十：到现在为止，我只写过三个电影，一个是张艺谋导演的《我的父亲母亲》，一个是张加贝导演的《樱桃》，是一部中日合拍片，还有一部也是张加贝导演的，叫《天上的风》。

《我的父亲母亲》那个电影是 1998 年拍的，1999 年公映的。1998 年，我发了一篇小说（指中篇小说《纪念》），是在《中国作家》1998 年第 1 期发的，当时我正在外面写东西，还未看到样刊，快过年了我就回到单位，同事告诉我有人打电话找我，留了一个电话号码，我就打回去，对方是张艺谋的文学策划，跟我说张艺谋要将《纪念》拍成电影，约我过了春节去北京具体洽谈合作事宜。整个改编的过程就是我写完一稿就拿给导演组看，他们看完给我意见反馈，我再改下一稿，前后一共改了六稿，直到开拍我还在改。电影分为两部分，一部分是回忆，另一部分是现实，他们对现实部分的本子不太满意，他们就一边拍回忆部分，一边让我改现实部分，等到回忆部分拍完了，现实部分也改好了。公映之前还有一件事情，电影里不是有画外音嘛，需要配画外音，就又把我叫过去，写完之后他们再录音、再合成。

这里我要多说一点就是我对张艺谋的认识，之前很多人对他是有批评的，说他后来拍的片子不好，议论他的个人生活。我心里是替他抱不平的，我看到的张艺谋是特别质朴的一个人。他根本不是一个能说会道的人，说场面上的话可能还不如一般人。他只有在一个地方是滔滔不绝的，那就是谈剧本的时候。他跟人接触也是非常实在。举个例子，我后来跟他又有一个片子合作，但是后来没拍，那时候我在北京住了半年，改那个剧本。白天我在酒店工作，晚上他就过来一起吃晚饭，有时候会去找有特色的小店，吃那些特色小吃，我觉得这是一种表示友好的方式。他自己平时吃饭是非常简单的，经常一碗油泼辣子面就打发了。当然我们在一起也会聊很多东西，对人生、对艺术的看法，他基本上没什么大话。

朱郁文：您的这些经历让我们了解到一个不一样的张艺谋，因为对我们一般人来说，他是著名的大导演嘛，想象中大导演应该不是这种样子。另外，我觉得那时也是一个相对质朴的时代，人与人相处、做事也简单一些。包括拍电影也纯粹一些，导演看中一个本子，就找作者改，反复改，改好了就拍，虽然条件比现在差很多，但对艺术对自己要做的东西能感觉有一种发自内心的热忱在里面，所以那个时代也出了很多精品。《我的父亲母亲》这个电影上映之后，产生了很大反响，它对您的生活和写作有没有产生影响？

鲍　十：应该说没有很明显的影响，但是潜在的影响还是有。举个简单的例子，在这之前我没出过书，只是发了一些作品，拍电影那年我就出了两本书，这算是一种好的影响。还有就是电影在推动个人创作获得世俗的名声方面还是起到了一定的作用。承认也好，不承认也好，影响还是有的。

朱郁文：说到跨界"触电"，了解了您的经历，我倒是有一些感慨。在《我的父亲母亲》火了之后，您本应该有很好的契机去进军影视圈，也有了成名成腕儿的机会，但您刚才说了，到目前为止也仅写了 3 个剧本。这似乎不是一件"正常"的事儿，估计很多人会觉得您没有抓住、利用好那次机会。您怎么看这个问题？

鲍　十：可能有这样两方面的原因。一是我喜欢写小说。电影毕竟是一个合作的艺术，编剧虽然很重要，但还是要跟人沟通，不能完全按照自己的想法来，我更喜欢一个人做事情，写小说基本上是一个人可以完成的事儿。二是看合作内容。那个电影产生反响之后，确实也有人找我，想跟我合作，电影、电视剧都有。我当时的做法，就是先谈谈，看对方是要根据我的小说改编，还是要重新写，然后考虑这个东西我能不能写、值不值得写，比如写某一个人的先进事迹、写某一个地区的发展，或者写某一个战争等。尽管有些开的价很高，但是我经过研究、思考后觉得不行，说服不了自己的内心，就婉拒了。直到现在我仍然庆幸我放弃了那些东西，可能我那样走下去，大概会赚很多钱，但我觉得那不是我，不是我内心真正想要的，我宁可退回到我自己，做一些我能做的"小手工"，慢慢地做成自己，就够了。

朱郁文：这个问题我的理解是人能在多大程度上坚持自己，坚持做自己想做的事情，这也是能将人与人区别开来的一个东西。现在很多人想做编剧，觉得现在编剧比较缺，有前景。对于有志于从事编剧的人，您有什么样的建议给他们？

鲍　十：我接触过很多写小说和写剧本的人，对于那些有志于写剧本的人，如果他问到我，我会建议他从小说开始写，先把小说写好。一方面被导演发现和采用的概率更大，另一方面是对文笔、生活和思想的积累。

朱郁文：关于"讲好中国故事"，您有何想法和建议？

鲍　十：现在各个层面都在说"讲好中国故事"，这要看你如何理解这个概念以及在这个概念之下如何找到自己的表达了。什么样的故事能够代表中国？是从表面上看还是从深层次看？我觉得真实性是讲好中国故事的核心问题。有些作品（文学作品也好，电影也好）看起来让人很爽，像打了鸡血一样，但它是不是真实的、能不能代表中国？这是一个问题。真实的中国体现在哪儿？体现在我们每一个身上，我们每一个人的经历、遭遇、感受就是真实的中国，讲好中国故事重点是讲好这些，而不是一些"假大空"的东西。

朱郁文：您说的这一点也是现在很多作家纠结的一个问题：一个作家写出来的是他的真实感受，但呈现在读者面前可能是消沉的、灰暗的、悲观的、绝望的，由此可能招致一些人的批评，甚至被扣上"负能量"的帽子。这个时候我觉得是对作家的一种考验。

鲍　十：确实有这个问题。一个作品，好与不好必须综合地去考量，如果大家都相对一致认同它好，那它就是好作品，你用这个标准去衡量，就能刷掉很多，剩下来的就不多了。另外，时间也是一个很好的标杆，现在著名的或者被认可的作家，多少年之后他的作品可能一文不值，所以不妨多读那些经过时间淘洗和检验的作品。

朱郁文：去年（2019）看到新闻上说您的小说《子洲的故

事》计划改编成电影，导演是李智，这是十几年前的一个作品吧，是什么样的契机促成了这次改编？

鲍　十： 这个小说是 2000 年发表的。去年这位导演找到我说要把它（《子洲的故事》）拍成电影，我以前并不认识他。我自己都很吃惊，不知道他是怎么看到的，我也不知道他为什么对这个东西感兴趣。但谈的时候他说，他在作品里看到那种人情、人性，看到那些纯、美的东西，打动了他。后来经过双方简单洽谈，就签了合同，就这样子，后来也没有再见面。

朱郁文： 那等于说改编的编剧他是另外找人了。

鲍　十： 对。当时是想让我来做，但我当时刚刚做完手术，身体不行，加上我也不想把自己的东西再折腾一遍，于是我就没有接这项工作。

朱郁文： 所以，后期就不需要有太多的交流。

鲍　十： 对。原来他是说 2019 年下半年开始拍，但是没拍。现在疫情反复，我估计今年他也是动不了手。

朱郁文： 您认为小说和电影各有所长，也不排斥小说转化为电影，那您在小说创作时会不会考虑电影元素？

鲍　十： 没有。写小说一定要排除杂念，否则这小说就一定不行了。

朱郁文： 我为什么会问这个问题？因为我能感受到现在很多人写小说的时候会考虑影视剧的元素，把它放进去利于后面改编什么的。很多人想通过这条途径来成名，可能觉得这样更快一点。

鲍　十： 对。有些人是这样，我是没有这样考虑。如果你仔细看《纪念》，就会发现它绝对不是一个可以改编成电影的小说。它是穿插叙述的结构，没有一个完整的故事，后面改编电影也只是取了中间一点内容，然后把它扩展、充实，而不是把整个小说改编成一部电影。

朱郁文：不过，好在我是觉得那个电影还是能传达出小说的一点味道的，并没有反差很大。

鲍　十：对的。后来有人写过一本书，是专门介绍张艺谋电影的，书中说，《纪念》和《我的父亲母亲》这部电影是最贴近的。

阅读·写作·编辑

朱郁文：作为一个有着几十年"写龄"的作家，很多人对您的阅读史比较感兴趣。当然这个问题可能您也谈得比较多了，可以简单地聊一下。对您影响比较大的作家、作品有哪些？我知道您比较喜欢汪曾祺、萧红，还有哪些作家，对您的写作影响比较大？

鲍　十：我可能属于读书比较多的人。喜欢读书，就觉得读书是个很舒服的事情。对我影响比较大的就是那几个人，除了汪曾祺、萧红，还有一些外国作家。客观地说，外国的作家比较多，特别是现代以来的作家作品读得比较多，像海明威、卡夫卡、福克纳、伍尔夫、乔伊斯、加缪、萨特、马尔克斯、帕特里克·怀特、川端康成、胡安·鲁尔福这些作家的作品，其作品基本上都是反复读。另外，还有一些苏联作家，像布尔加科夫（写

《白卫军》及《大师和玛格丽特》的那位）、帕斯捷尔纳克、肖洛霍夫、索尔仁尼琴、艾特玛托夫、拉斯普京（写《活下去，并且要记住》的那位）等，也让我特别着迷。相比之下，那些传统作家的作品读的就少。

朱郁文：按照文学史上的说法，西方文学有一个发展脉络，譬如从古典主义到浪漫主义再到现实主义、批判现实主义，后面出现了现代主义、后现代主义。从您的阅读史来看，后面的偏多一些，对吧？

鲍　十：对。现实主义就读过一些经典作家的作品，像左拉、巴尔扎克、福楼拜、莫泊桑、狄更斯、司汤达、托尔斯泰、陀思妥耶夫斯基这些，但是不多。莫泊桑和契诃夫的作品我也反复读过。不过读的最多的还是现代派的那些作品。

朱郁文：我感觉您的很多作品除了有汪曾祺、萧红等人的影子，也常常带有现代派的风格，这种阅读感受跟您受到的影响还是一致的。您说在黑龙江艺术学校的 5 年时间，您的精神世界从混沌懵懂一点点地变得澄清，才有了自己的意识，才逐渐懂事。导致这种变化的因素是什么？是读过的书、上过的课还是遇到的老师与同学？

鲍　十：回头想想，确实是那样的。这可从两方面来说，一方面是随着年龄的增长，心智逐渐成熟了，先前没有意识到的东西，渐渐意识到了（我总觉得，我在某些方面是晚熟的）。另一方面是在读书和听课的过程中增长了见识，也包括跟老师和同学的接触，总之点点滴滴吧。一个人的成长肯定是多种因素促成的。当然最主要的还是读书。而且幸运的是，我有机会读到了一些以前（包括前一代人）不可能读到的书（因为没出过），比如《外国现代派作品选》（四册八本）、《萨特研究》、《诺贝尔文学奖金获奖作家作品选》（上下册）、《海明威短篇小说选》、《当代美国短篇小说选》等。这里我要顺便说一下"八十年代"。对当代中国来说，八十年代太重要了。现在中国的很多事物、很多现象，包括一些观念和意识，其实都来自那个年代。包括我们的文学，如果没有八十年代，我们是不是还走在"前十七年"的道路上？这完全没法儿想象。

朱郁文：您在采访中说，"一直以来，我都是按照我的节奏，从我的本心出发，慢悠悠地在写小说"，从作品量来看，相比其他作家，您的写作速度的确是不快的，有些作家非常高产，几乎每年都会写一部以上的作品，您平时的写作状态是怎样的？有没有非常规律的写作计划并照之实施？

鲍　十：我一直在写，不过写得比较慢，写的也不多。有时候我也很着急，想多写点，也大致有个计划，这几个月要完成啥，再过几个月要完成啥，但很难做得到，有些东西最后就没有写，放掉了。这些年起初我一直在做编辑，后来做主编，做了十几年，事务性的事情多，除了编刊物，还要处理各种杂事，开很多会，写作时间就少了。当然后来我接受了这个现实，并且自我安慰不一定要写很多，尽量写好点儿可能更重要。我写作主要在晚上，不参加聚会的话，九点左右开始，写到凌晨一两点。如果某一天不上班，上午也会写。

朱郁文：您如何看待题材、风格的连贯性和一致性？一个作家是应该坚持这种连贯性和一致性，以增强自己的辨识度，还是应该不断尝试新的题材和风格，挖掘多向的可能性？

鲍　十：你说的这个其实是一个很大的问题。有些作家特别在意这种连贯性和一致性，为的是增强自己的辨识度。有的作家并不特别在意这一点，但他的辨识度仍然很高，就像他这个人一样。我个人推崇后一种作家。我特别推崇一句话，叫"文发乎心"，写作不是为了写而写，而是为了心而写。

朱郁文：您曾经在一篇文章里面说："在我主要是放弃了大，选择了小，放弃了诗意，选择了驳杂。"可否解释一下，您说的这个"大"和"小"的关系，"诗意"和"驳杂"的关系具体指什么？

鲍　十：这是对我自己的写作所作的一个修正吧。前期作品，就是不用找任何资料从心里出来的那些作品，可能诗意的东西更多，进入《生活书：东北平原写生集》的写作之后，觉得前期的那些东西在文学上或者在我的写作经历上太单调、太单一了，需要我进入一个更深入的、更广阔的思考境界。我这话主要是针对《生活书：东北平原写生集》。

朱郁文：野莽先生在《印象鲍十：从冰城踏入火城的马》这篇文章里提到了当年他跟您还有其他作家编辑的交往，特别有那个时代的感觉，我也听很多人说起在 20 世纪八九十年代作家和编辑之间、作家和作家之间的交往、沟通，像稿子的用与不用、提修改意见、相互切磋等，感觉很纯粹很真诚，那种互动的状态我听了很羡慕。您是一个作家，同时在杂志社的时间也不短，您觉得现在跟以前相比，这种互动状态有何变化？如何看待编辑与作家的关系？

鲍　十：实际上我的文学生涯是以编辑为主、写作为辅这样一个状态。退休之后突然很后悔，觉得这么多年真是浪费了太多的时间，要是这些年我把主要精力放在写作上，可能我的创作不是现在这个样子，可能会好很多，起码会写得多一些。回到你刚才的问题，我觉得如果有什么不同的话，那就是编辑跟作家之间的交往要简单一些。当年的文学期刊发行量，鼎盛的时候，一个很一般的刊物都有几十万份，现在就是很好的刊物也就一万来份，一般的刊物就更少了。你想，当年文学的这种影响力本身就决定了当时整个文学的氛围，文学氛围也决定了编辑跟作家的那种关系，是吧？

朱郁文：这方面跟以前确实没法比了。

鲍　十：我曾经在网上看到一篇文章，说福克纳、海明威他们能成为世界性的大作家跟当时美国的一位编辑有非常大的关系，我在微信上转发了这篇文章，还写了几句话，也是我真实的认识，我是这么写的："一国的文学取决于一国的编辑，一国的编辑决定一国的文学。"因为我做过编辑嘛，我知道这个。一个作品能否出笼，编辑起到非常关键的作用，假如这个编辑业务能力不强，社会阅历也少，读书也少，就喜欢那些薄浅的、庸俗的东西，你怎么办？

朱郁文：那您作为一个编辑是如何处理来稿的？在选用稿子时会不会偏向自己喜欢的类型或者跟自己风格比较接近的稿子？

鲍　十：这是难免的，肯定是首先选择自己喜欢的，打动自己的，然后在这个前提下选择其他的。

朱郁文：有没有这种情况，在编辑生涯当中遇到了一些作家和文章反过来对您的写作产生了影响？

鲍　十：这种潜在的影响应该是有的。但对我来说，这种影响负面的还多一些。你想，每天看大量的稿子，这些稿子大多数质量是不过关的，看多了能把人看烦躁。在这种情况下我会怎么处理，在单位要看稿子，晚上在家写作，写之前我要看一下好的作品来"消毒"，来清洗一下，才可以写。

朱郁文：您作为一个编辑应该跟各种各样的作家（写作者）打过交道，您觉得在他们身上有哪些好的方面和不好的方面让您觉得有必要聊一聊？比如他们的文风，跟编辑打交道的那种状态。

鲍　十：这个要说起来就多了。人与人并不一样。我看到的各种好的、不好的，甚至龌龊的，那多了，比如功利呀，用得上就各种贴，不用了就不再搭理你，要知道能写文章的人都挺聪明的。不过这些没必要聊。对于一些青年作家，我要正面对他们说，一定要好好读书，不要功利心太强，做人要有良知，要厚道，很多人毁就毁在功利心太强。也不要追求多和快，把作品写好写精更重要。

朱郁文：您在《生活书：东北平原写生集》自序里说："一个作家，不仅要看他写了什么，还要看他不写什么。"这个该怎么理解？如何知道作家"不写什么"？

鲍　十：这是我个人的一点感悟吧。因为我发现有些作家他会写某些文章，有些导演会拍某些电影，就是那些一味迎合、涂脂抹粉的东西，比如前一段很火的一部电影，这里不方便说它的名字了，这些作品其实是很让人讨厌的。但有些作家、导演他就坚决不写也不拍那些东西，他会坚持自己的反思和艺术探索，从这些你会看出来他们精神境界的不同。我个人更喜欢有思考、有探索性的而不是"擦鞋"的那种作品。

朱郁文：接下来的写作，您有什么具体的计划？

鲍　十：最近一两年吧，如果没有什么大的变故，我大概要做这么几件事情：一是写一个关于海岛的长篇，十几万字的小长篇，这个可能比那个《岛叙事》还要往前走一点，应该是可以期待的一个东西；二是要写一篇关于霞镇的小说，把霞镇这个事儿做个完结，因为早期我还是把霞镇当作根据地来经营，后来慢慢地就放到一边了，最近还是觉得要把这个霞镇建起来。还有就是，我心里一直在思考一个问题，就是我们这个社会、这个国家是靠什么支撑的？可能我会从这个思考出发写一个东西，在主题先行的情况下写一个关于这方面的东西，不知道会怎么样。这些都完成之后，可能会回头写点儿关于广州的小说，因为这几年在广州生活也积累了一些东西，有一些体会，包括非常个人化的生活体验。大概就这样。每篇文章我都希望它在形式上都能往前走一点儿，思想上也能往深里走一点儿，不会停留在重复的那个状态。

（原载于《粤海风》2020 年第 4 期，有删节）

张欣：一级作家。中国作家协会全国委员会委员，广东省作家协会副主席。著有长篇小说《一意孤行》《谁可相倚》《依然是你》《深喉》《泪珠儿》《用一生去忘记》《浮华城市》《不在梅边在柳边》《黎曼猜想》《千万与春住》，中篇小说集《岁月无敌》《此情不再》《爱又如何》《你没有理由不疯》等。多部作品被改编为影视。

张欣：在故事中呈现日常南方的都市感

朱郁文 × 张　欣

以自己的方式写南方、写广州

朱郁文：您在广州有多少年了？

张　欣：还蛮多年的。我很小的时候跟着爸妈从部队调到广州，1969 年从广州到湖南当了 8 年兵，然后又调回广州的文工团做文字工作。在广州具体有多少年我也没算过，反正就是地地道道在广州长大，在广州读书，在广州工作、生活。

朱郁文：那您正式写作是从什么时候开始的？

张　欣：最早发表作品应该是七几年吧，有点儿忘了。

朱郁文：是在部队的时候？

张　欣：对，在部队的时候。因为我在湖南的时候是在部队医院工作，那时候在《解放军文艺》发表过作品，后来就被调来当创作员。我是 1984 年离开部队的，离开部队以后才开始接触地方题材，之前都是写军旅题材。

朱郁文：我知道您的写作生涯是很长了，我 20 年前上大学的时候就读过您的作品，是从学校图书馆借来看的，那些作品应该都是 20 世纪 90 年代发表的。

张　欣：对。但我也没去专门准备什么，因为我觉得写东西也不用说得从呱呱坠地开始，对那种自我神圣化或神秘化的说辞我也挺害怕的。简单来说，就是从一个业余作者最后变成一个专业作者。

朱郁文：您当时调来广州也是因为写作有点儿成就对吧？

张　欣：对，那当然了。当时我是在湖南衡阳的一个部队医院里，在《解放军文艺》上发表文章是很难的，因为全军只有这一个刊物，特别是那时候又是"文革"。不像现在发表一篇文章大家都不觉得有多厉害，当年能发表一篇，整个医院都会很轰动，你凭一两篇文章就可以调动工作，因为"笔杆子"嘛，大家就觉得这个人能写。

朱郁文：当时发表作品，包括后面因为写作调动工作，对您自己心态上有没有影响？是不是觉得自己有创作天赋，在这方面要比别人突出一点，然后就坚定走这条路？

张　欣：这个肯定有。小学三年级时我的作文就是范文，老师会在课堂上读，所以我很小的时候就很想当作家，不知道为什么，但那时候这种念想也很朦胧。后来当兵时做的都是具体工作，比如做护士、护理员，我一直用业余时间写东西。

朱郁文：这跟您的家庭、跟父母有没有关系？

张　欣：很多人都以为有，实际上我觉得关系不大。我爸爸做过政委，做过宣传部的工作，但我觉得与这个关系不是特别大。还是挺个人的，说白了就是我自己比较文青。

朱郁文：从地域身份上来说，一般会把作家分为本土的和外来的，像张梅、梁凤莲她们就属于广州本土作家，她们的作品很明显是本土题材。您的作品里岭南元素是有一些，但不是那么突出或集中，并不以表现岭南文化为要务，可很多人又把您的写作归入南方写作或广州书写，您怎么看待这个问题？

张　欣：我觉得是这样，不管是到美国，到中国西藏，或是到哪儿，常常是到那里很多年的人什么也不写，但去了一个礼拜的人回来就可以写个游记。我想说的是，外来人和本地人一个挺大的区别就是外来人可能会更敏感，就像一个湖南人觉得辣椒不辣，但对于我来说根本就辣得没法吃，就是说我们的感受不一样。我是用普通话而不是用粤方言构思的，哪怕我写的是广州的事儿；她们可能会更地道或更亲和，黏着力更强，因为她们就是本地人嘛。我的小说基本上都是以广州为背景，所以在很多人眼里我是写南方小说的，读者想了解南方的时候可能会来看我的小说。

朱郁文：如果把您的作品也归入岭南题材，您觉得是不是一个问题？

张　欣：我觉得也没问题，因为我写广州写了很多很多年，就没写过别的地方，有的人写一写就不写了，但我一直写广州都市，我觉得归进岭南题材也没什么问题。因为每个人都是被格式化的，就算你觉得你与众不同也难免被归类。

朱郁文：您作品的地域色彩其实还是比较鲜明的，只不过跟她们的那种色彩不一样。

张　欣：对。我有一次跟一个看风水的人聊天，因为作家总是要认识多一些的人，特别是那些跟自己不是一个语言系统的人，不要老跟作家在一起聊，没什么好聊的。他有一句话挺启发我的，他说，"现在有很多作品、有很多人写岭南、写都市，但别人写跟你写有啥关系啊？没有关系的。你一样可以写，或者不写，都可以的"。他的话对我有特别大的启发，别人写广州，跟我是没有关系的，我写，她们也可以写，我不写，她们也可以写，反过来也一样。可能研究者你要归类，但我觉得跟我一点儿关系也没有。

朱郁文：这种思维确实与众不同。

张　欣：对，我就觉得文学之外的人有些还是挺有智慧的。我特别不喜欢的就是"排队""组团"，像什么东北文学"三套马车""文学湘军"什么的，其实有啥关系啊？作家是什么，作家就是你对这个世界有独特的视角，是你怎么看这个事儿。

朱郁文：评论界好像特别喜欢归类，感觉不归类就没办法去表述这个东西。

张　欣：这个也能理解，为了好说、好评嘛。我觉得这一点问题都没有，但作为个人，我觉得写作跟别人关系不大，他们可以写也可以不写，我也可以写可以不写。但是我写，就一定是我的世界观，就是我怎么看这件事、我怎么看这个世界的。

日常即殿宇

朱郁文：您觉得广州这个地方跟别的城市最大的不同是什么？这种不同对您的写作有怎样的影响？

张　欣：我觉得是务实。不是有人说过："广东人最大的优点是务实，最大的缺点是太务实。"这边的作家很少是很虚的，不会整天讲鸡汤或说一些没边际的"诗和远方"之类的东西，一般都比较具体。没有人会因为你是一个作家而高看你一眼，它就造成了作家本身也很务实。你是干什么的不重要，关键是你干得好不好，有没有干出个名堂来，这是广州特别务实的一个标识，从上到下处处都是这样。所以构思小说写东西的时候我自己就会有一个安稳的底色，就是说你跟大家是一样的，我从来没觉得自己跟别人有什么不同，没有那种攀登"高峰"什么的，我写作从没那么想过。

朱郁文：这些是对您个人的观念、思想包括生活方式、写作方式的影响，它对作品的影响是什么？

张　欣：我前段时间为小说《千万与春住》写自序用了一个标题"日常即殿宇"。作为一个小说家，我有一个很深的体会，我觉得最难的是写日常，因为太具体了。很多人的小说，你看了之后会发现里面全部都是所谓的思想，但我们看《红楼梦》《金瓶梅》就不是，它们有很具体的生活，比如买了什么东西，别人送了什么，作者不厌其烦地讲。我觉得日常其实挺难写的。

日常生活场景的描写对小说家的考验还是挺大的。看似稀松平常，你就是写不出来，或者你写的全部都一样，饺子就是湾仔码头，咖啡就是星巴克，奶茶就是喜茶，你不知不觉就跟别人写的一样。很早以前有几个刊物主编说他们那段时间收到的稿子全都是写和尚、讲寺庙的，晨钟暮鼓什么的，可见作家已经到了一种地步——"我实在没什么可写的了，我觉得这应该是个独特的题材"。但我告诉你，就没有独特的题材，你觉得这个很特别，其实别人早就写过了。

以前我写都市文学可能写个什么东西是别人没见过的，比如写一个手表、一个包什么的，现在没有这个情况了，所有的奢侈品年轻人都用过，而且只会比你写得更好，他们会觉得，你还在说这个？老土！所以我觉得写日常挺难。现在我到珠江新城一点儿感觉都没有，还是得到老城区去走一走。老城区有那种街巷，会有一些东西让你有感觉，可以看到一些生活的痕迹。

朱郁文：那种市民生活气息。

张　欣：对。但你看珠江新城，规划得特别好的一个区域，什么都一样，怎么写？

朱郁文：像刚刚从流水线上出来的一个产品。

张　欣：对，你怎么写？你写一个女性穿着高跟鞋或者什么裙子之类的？这都已被人写烂了。你怎么让这个人跳出来、让人家觉得真实？很难的。所以我觉得日常还是挺难写的。

朱郁文：就是说：第一，写日常非常重要；第二，写日常很难。

张　欣：对。

朱郁文：很多作家回避写日常，不是说他认为日常不值得写，可能就是第二个问题，他写不好，越是日常的越不好把握。

张　欣：有不好把握的一面，我觉得这也看个人。比如老舍的《骆驼祥子》，可能有的人喜欢，有的人不喜欢，都很正常，但他对北京市民特别是对草根阶层的那种生活的熟悉，还是很让人佩服的。包括他的一些散文，他若不注意日常生活，是写不出的。所以我觉得不是作家不会写，是我们太小看生活了。

我的很多朋友都是作家之外的人，就是生活中的那种。我发现他们很务实，很多生活的常识他们都知道，但是很多作家不知道。那你说作家在干什么呢？你去问，他们都在看书，他们觉得看书更重要。

朱郁文：作家的生活圈对写作有很大的影响，是吗？

张　欣：至少在我看来是这样，包括很优秀的作家。就像有的作家还在写知青，好像后面的生活对他们是没用的。他们似乎对现代生活有一种鄙视，就觉得"这样可以了啊，为什么还要用特别好的呀？为什么还要买更大的房子"？他们很鄙视这种东西，觉得这根本就不是一个文化人该追求的，人应该去想一些有思想性的东西，他们关心的都是这些内容。但反过来我就说，那你生活了吗？作家早就离开知青生活了，但为什么写不了当下呢？为什么还是要写回当年的生活呢？难道只对当年的生活有那种文学的感觉吗？对于这些，当然我也没什么答案，但我觉得我一直都是与时俱进、紧跟这个时代的。我从来没觉得20世纪80年代格外好，而是觉得你就是要跟着时代走，一起往前走，不知道的事你就要去了解清楚。当然我也不是什么达人，互联网的好多事我都不知道，但我至少有好奇心，不知道我就去问、去了解。我觉得很多作家停留在过去的辉煌中。

朱郁文：像您这种状态我觉得在作家中很少，作家是不是都有一种怀旧的情结？

张　欣：不是怀不怀旧，我觉得是他们觉得这不重要。

我们都特别喜欢汪曾祺。我当年跟着朋友去汪曾祺家，他说

"你们留下来吃饭"。然后，他就切、炒，边做边说为什么要这样子，比如说炒素菜要用荤油，但有肉的菜你就要用素油，他的生活常识丰富得让人很惊讶。你看他的书里无时无刻不在讲生活中的常识，很多很日常的或当地特有的东西，我看得真的是津津有味。类似这样的，我不觉得是怀旧，而是重不重视的问题。

你看陆文夫的《美食家》，要吃头啖面、喝头啖汤，要把那个消化掉再吃别的，那就要洗热水澡，要按摩。当时大家开玩笑说陆文夫的小说应该归入食谱栏里，因为他讲得很细致，什么面用什么样的汤，中间放什么样的东西等。陆文夫不算一个非常著名的作家，但他对这些生活细节一直都记着，这样的作家我内心会比较认可，因为我觉得小说就是往小里写，往深处想。你应该去注意那些小的，应该去注意这种"毛细血管"，就是我们生活中的那种东西。这是我的价值观，所以我会很关心，而且我对这些有兴趣，我虽然年纪不小了，但我还是会有好奇心，我觉得写作根本就离不开这些。我对日常那么感兴趣，我不敢说得心应手，但至少我会比一般的人热爱生活。

不能以主观逻辑代替事物本身的逻辑

朱郁文：跟"回避日常"相关的是，很多小说里那种个人性的东西很多，你能明显感觉到有一个作者"我"在里面不断地出现，它或者是虚构的一个故事，或者是有原型，但这个故事代入"我"的痕迹很明显，您怎么看待这一类的东西？

张　欣：这也是由于创作观的不同。我们老说形象思维，其实塑造小说人物也好，编织情节也好，是让人物在里头活动，让他来说你想说的或者你不想说的，而不是在中间挤出来一个人拼命地在讲观点。有的人就会夹叙夹议，中间突然就出来一大段他自己的感想，不是说这样不行，文无第一武无第二，怎么写都可以，但我不太喜欢跳到前台讲很多自己的观点。另外，因为我写作时间特别长，我过去也会觉得一个人物他应该怎样，成功了、失败了、走向死亡或者怎么的，他应该这样。后来我用了很长时间来调整，我现在写东西不是觉得他应该怎样，而是这个人物就会这样，不管你愿意与否、喜欢与否，他就会这样。这样一来，写出来的就没有太多作家人为的痕迹。我觉得这个特别重要。

有的人总觉得写了很多但总不被人家认可，很大因素就在于他觉得这个人物应该这样。事实上，不是他"应该"这样，是他"就是"这样，你理解与否，他都是这样。作家观念转变过来，写出来的才会变得自然，要不然就会觉得"他应该"，"应该"这个东西很讨厌。有时候我也很朴素地想让某个人物纯洁一回或高大一回，但我就想，如果我在这个份儿上我是否会这么做，我的答案是"我不会"。比如说一个人到最后把自己全部财产都捐了，我就想如果是我会这样做吗？我想我不会，我肯定会留给我的家人。学习普通人，用普通人的思维去写小说，不要觉得"他应该这样"。否则，小说是不会打动人的，因为假嘛。

我觉得这个世界没有"应该"，他就是这样的，他肯定、必然就会是这样。我们不说钱，说感情，为一个男人跳楼自杀，你会吗？你不会。那你就别这样写。你写了就很假，没人相信！他是谁啊，我为他跳楼？不会的嘛。所以，我作品里的人物不是我让他这样，是他本来就这样。

朱郁文：很多作家写的时候这个弯没转变过来，他以他的主观逻辑去代替事物本来的逻辑，所以他觉得"应该这样"，然后就写成这样。

张　欣：这其实是一个比较低级的错误。前两天看到了一些作家说的话，比如莫言说，"你写好人就按坏人那样写，你写坏人就按好人那样写"。这句话非常有智慧，就是说你一定要不同。格非说，"就是乱写"。我觉得这句话也很厉害。他说的这个"乱写"当然不是神经错乱那个乱写，而是说一定是你想不到的，你可能觉得他们是这样的，但他们就不是这样的。我觉得他们俩都是有本事的人。我相信贾平凹也有贾平凹的说法，他一定有绝招。虽然你可能会说他的东西神神道道的你不喜欢，那是你的事儿，但你得承认他有他的那种门道。又如王蒙，80多岁还能推出《笑的风》，他有那种胸怀，他能接受。他对生活有一种作家的认识，而不是一个组织部来的年轻的小公务员的认识。汪曾祺在不能写作的时候改《沙家浜》，难道他没有困难吗？难道他不痛苦不忧伤吗？这些他也有啊，但他在研究红烧肉怎么做得香。我觉得这种人骨子里就是作家，他永远都可以在生活中找到乐趣，哪怕是不好玩的生活也可以找到乐趣。

朱郁文：您刚才说的作家按自己的意愿安排人物结局或设定故事情节，这背后的原因除了创作观外，是不是还有一个更根本的问题？就是他对生活的体验、他的阅历本身就没有达到像您说的这种境界，他可能也不觉得是他让人物或者故事这样，他也觉得生活就是这样的、这个人物就应该是这样的。

张　欣：对，你说的这个是对的，有的人就会人为拔高或者做一定的处理，他会在一个很关键的时候摇身一变。比如柳青和余华这两个作家，柳青《创业史》写梁生宝全家高高兴兴地入了合作社，你不能说人家《创业史》就不好。柳青这样的一位作家，九级干部，户口都迁到农村去了，我很佩服，现在哪个作家能做到？但人家就做到了，全家在农村，还写了《创业史》，我觉得他很厉害。但余华也有很独特的地方。他们是两头的，《创业史》有《创业史》的价值，在那个时期讲了合作化的事；余华有余华的可贵，写得特别真实，不是"他应该"（如果按"应该"的思路那就是去合作社，而且高高兴兴地去），而是生活就是这样，《活着》主人公全家都死了，很悲惨。我想说的是这么多作家，除了优秀的，中间相当大一部分作家是"应该"型的，就是说我经过了万分考量，既不触碰红线、得罪什么人，也不得罪读者，又很好看，就是想得特别多。

朱郁文：就是写的时候考虑太多外在的因素。

张　欣：这跟个人的价值观有关系。你有多高的程度，你就有多大的胸怀，人品和文品不能说完全一致，但它们一定是有关系的。生活中你可能也会两面派、两张皮，领导面前一套背后一套。但根本上的那个东西你不能动摇，如果动摇了就直接影响你的写作，你写出来的东西就不好了。

怎么说呢，它会很万全，就是想得很周到，但是不好看，读者不喜欢。我觉得我还好，我写作的时候想得少，我还是觉得这个人物就会是这样。这就说到了作家的悲悯之心，我觉得悲悯之心是天生的，根本不是后天养成的。有了这个悲悯之心，写作的时候你会想到，这个人物不管他做坏事也好，还是他最后怎么样了也好，你就会想他的心路历程也是很难的，而不是说他很简单地就变成了现在这个情况。

小说就是要把故事讲好

朱郁文：这跟我阅读您小说的体会是一样的，感觉人物命运的变化是有内在逻辑的，不是作家想当然让人物如何。说到人物命运，这就要谈谈小说故事了，您曾多次强调故事、情节对小说的重要性，坚持小说就是要好读、好看。这可能比较契合传统的小说观念，就是说小说不仅应该讲故事，而且要把这个故事讲得吸引人。是否可以理解为在您这里故事是第一位的？

张　欣：这也有个过程，我不可能写了那么多年而一成不变。我当然知道，小说创作人物最重要，但我始终不能接受过分弱化情节、弱化故事的行为。

我承认人物很重要，在这个基础上我觉得故事还是挺重要的，所以我自己从来也没写过意识流或特别弱化情节的东西。我是从两方面想：一方面是我不擅长，有的人很擅长写这个，比如残雪。另一方面是我自己不管是看《红楼梦》还是《金瓶梅》，或者"三言两拍"什么的，我觉得中国的小说是有传统的，每个观念、思想的传递都有载体，即它一定有个故事衬托。这也包括戏曲，我很喜欢戏曲，不管是《白蛇传》还是《西厢记》，它们不仅是有故事的，而且很精彩。我写小说时一直挺注意故事性，也比较看重看小说的娱乐作用。如果看一部小说比上班还累，那样的东西我写不出来，所以我就冒着被归类到"通俗文学作家"的风险来写作。这个分类我曾经是很排斥的，我写过很多文章表明我是纯文学，后来我看到有人写了一篇文章，意思是说他的终极梦想就是做一个通俗文学作家，我突然一下子释然了。后来我就觉得：别人怎么认识没关系，反正我就是这样写小说的，你愿意看就看，不愿意看拉倒。

朱郁文：但您骨子里是否还认定自己是属于纯文学这个范畴的？

张　欣：我以前这么觉得，但现在觉得这个不重要了。而且我觉得，人，特别是作家，就是被别人误会的。其实，你真正理解过别人的作品吗？先不说那种很牛的作品，就说《青春之歌》，你也未必理解。比如余永泽，张中行是他的原型，我至少用了50年才知道张中行其实是很优秀的作家，不是余永泽那种小眼睛不革命的人。这种认识的变化是一个漫长的过程。我觉得很正常，人都会被误解的。

朱郁文：误解是一种常态。

张　欣：对。以前我很较劲，现在不了。你觉得通俗就通俗，你觉得怎么样就怎么样，反正你愿意看就看，你不愿意看那我也没办法。

朱郁文：很多作家和评论家也不见得能说清楚通俗文学和纯文学之间的界限在哪里，但他可能习惯于归类。

张　欣：这是其一，这绝对是有的。其二是人性使然，有的人就觉得"干啥要那么好看"，我有时候也会受某个作家的影响，特别是那种比较稳得住的，比如是枝裕和导演的作品。他就是讲一种平淡，他的电影将日常拍得特别细腻，而且不动声色，对此我很欣赏，也会往这方面去考虑，去思考我写的东西是不是太传奇了。但我必须说的一点是，创作确实是根据题材而定的，我反复讲这个，就是你们家的菜只有两斤豆芽，你是不能做满汉全席的，你不要去想要多么恢宏地表达一个史诗。比如所谓的重大题材，很多人会写一个厨师、一个皮鞋匠或者一个卖东西的，最后又抗日了，不把民族大义放到他身上就觉得这个人物没法写，这是我很反对的，我觉得人就是普通的人，不要刻意去拔高。我看《一代宗师》，特别怕它说叶问又去抗日了，王家卫就是大师，《一代宗师》就不这样写，就写叶问的那种破落，最后他也要被他人周济，我觉得很感动。所以我也会反思，不要老去讲那些惊心动魄的、生活中别人不怎么关心的那种事情。

朱郁文：您也在不断调整自己。

张　欣：对。我不会花很多精力去想写的作品是纯文学还是通俗文学。作家圈有一个现象，每个人都强调"我是为我的内心写作的，我是不看市场的"，觉得这种写作特别高级，我不这么认为。我是广州的一个作家，我很务实，我觉得你就是不能缺斤短两，就是不能注水注得多，你就是要好看。我会想，读者看到这儿的时候会不会特别闷，那我就要调整。我心里是有读者的，因为我觉得书出来就是商品，如果你完全不考虑读者，只考虑自己的内心，那你就自己写啊，拿出来干啥呢？

朱郁文：那就不用出版了。

张　欣：对。大家都这么说而且觉得很有道理的一句话，我是特别质疑的。所以其实我并不好归类，很多人提起我来就是

"无语"，就觉得"这个作家没什么好说的"，"她不是阎连科也不是方方这样的作家，她什么都不是"，但你也不能说我就没写，我觉得我有我的读者，这也是一个怪的现象。但我很诚实地说，对于图书我是一定会想到市场的，我很怕一个出版社说"根本卖不掉"。有一次，我去某个出版社的书库，我一看："哎呀！怎么这么多库存？"那个负责营销的副社长就跟我讲："是啊，张老师，卖书很难的，人家就不买啊！"他说谁谁谁一本书要印 10 万册，你知道 10 万册是多少吗？就是一堵墙啊！我听了都不敢看他，我真的听得胆战心惊。我就觉得，如果一本书给出版社带来的是灾难，就别混了！我去干点啥不好啊，去带货算了，做点小买卖也可以！所以我很诚实，写出来也不怕别人说我不高级什么的，反正我心里就是这么想的我就这么说。我作为一个作家，作为一个人，至少可以做到的一点就是真实，我真的是很真实的人，你可以问他们，我从来不装，怎么想的就怎么说，我能做到哪一步就做到哪一步。

朱郁文：其实很多作家都渴望自己的书能好卖、有很多读者，但他好像又鄙视那种很看重市场的写作，这就有一种悖论在里面。

张　欣：你说得特别对。心里是想的，但又不愿意承认，这其实也是一种不自信。为什么？因为图书市场真的很残酷，卖不掉就是卖不掉，没办法的。有的人会说，"张老师你的作品被改编影视的机会比较多，是不是有啥偏方"？我心里觉得特别可笑，市场对于我们每个人来说是一样的，怎么可能有个偏方就我用了百试不爽而你们都不知道？我们面对的是同一个社会、同一个世界，我也不知道这个偏方是什么，我就抓了一条：能不能感动我。如果我不感动，我就不写。打个比方，你叫我写港珠澳大桥，我没感觉，我没法写。如果是我特别有感觉的一件事，我就会去写，我的标准就是一定要感动我，我心动了，我就有本事让读者也掉眼泪。就这一个，我没什么招。谁写的东西不想多一点人看、影响大一点、得个奖什么的？但你非得装，说一些冠冕堂皇的话，这是我不喜欢这个圈子的原因。

朱郁文：在很多人心目中文学圈有一个鄙视链，好像写这一类的就比写那一类的要高级。

张　欣：对，有个鄙视链。但我很早以前就说过：对文字的尊重，不管你是写小说、写电影，还是写千字文，对我来说是一样的。现在我除了写小说还写千字文，像在《新民晚报》我还开有专栏。我写千字文，有我自己的观点，能给读报的人带来一点儿乐趣，我也不觉得掉价儿。其实，文字高不高贵还是在文字本身，而不是写诗歌、写电影就在鄙视链顶端，写那些世俗的故事就该被鄙视。你看亦舒写的专栏，一样很好看、很高级；张爱玲也是，她写的《太太万岁》是非常通俗的电影故事，但我觉得一点也没影响到她是一个伟大的作家。

朱郁文：您小说的故事性、戏剧性比较突出，里面有很多非常事件，比如说凶杀、自杀、车祸、绝症，婚外恋、三角恋，这些也比较多，用这个来推动情节发展；人物的身世往往很离奇，命运也很曲折。这些特殊事件的设置，除了增强小说故事性方面的原因外，有没有其他方面的考虑？为什么要设置这么多非常事件来推动情节发展和人物塑造？

张　欣：怎么说呢，这也有一个过程。以前我们老讲"典型环境下的典型性格"，我也一直比较注意普通人在特殊时刻的表现。比如一个人堕落，他如果不痛苦便不是文学，他堕落且痛苦才是文学。在特殊事件中你可以看到人的那种变异和可能性，太平淡了是没有这种可能性的。一个人正常情况下不会暴露自身的问题，但在特殊情况下问题冷不丁地就会暴露出来。所以我觉得这些还是为"人物"服务的。

朱郁文：那就是说，只有在特殊事件当中才能把人性看得更透。

张　欣：对，才能看得更透，而且才合理。但你要处理得合理，最不能接受的就是不合理，比如，好好的一个人突然就离家出走或者什么的，那别人会想为什么呀，你都没交代清楚。当然，平淡也有平淡的写法。我觉得不管有没有特殊事件，写日常和细节是一样难的。比如说《卡桑德拉大桥》，哪有这个故事啊？但你全相信了，它太多细节了，一列火车其实就是开向死亡，你想想，它里面的每一个人物就在这样一个荒诞的、根本不存在的事情上，但你为什么会相信？就是它细节写得好。所以，我觉得是否有特殊事件其实不重要，重要的是得把细节写出来。

当然，我会考虑读者，会不断地刺激他的阅读欲望。若全是一些人家看了都睡着的，那还写来干啥？我觉得它是一个很综合的东西，就像炒菜一样很综合，不是说我要故意写那种很独特的事儿，是我觉得这个题材就是这个样子，那我就根据这个题材来做，怎么样可以将这个人物突出。你要根据不同的素材来决定用什么方式把它表达出来。

朱郁文：您的作品在整体上是比较悲观的，不管是故事的结局，还是人物的命运。这种处理是源于您的文学观还是人生观？比如说，有的人可能觉得生活本身也不见得都是这样，但他觉得文学创作需要这种悲观的方式；但有的人觉得人生就是这样、世界就是这样，然后反映到文学中也自然就是这样的。

张　欣：对，这也是阶段性的。在写《终极底牌》之前我一直都特别悲观，结局往往比较灰暗，因为我觉得，文学设计个大团圆结局很傻。有相当一部分作品，包括琼瑶的作品，给年轻人一种假象了，爱就是纯爱，这种东西挺害人的。我觉得文学还是要告诉读者生活其实是有很多不如意的，虽然它要高于生活，但创作者不能老是表达坚贞不渝、坚持到最后你就会有一个好的结果。我就告诉你，坚持到最后也没好下场，你就好好想想你应该怎么生活。有的人结局是很悲剧的，但个人身上还是有闪光点的，我注重的是这个。但《终极底牌》以后所表达的内容相对比较温暖，包括《千万与春住》，可能是因为我年纪大了，觉得还是要有一些温暖的东西，有点儿触底反弹的感觉。

朱郁文：您的作品注重传奇性、故事性大概是从什么时候开始的？

张　欣：其实我一直都挺注重故事性的。反而现在有点儿弱化它，因为我写的东西太传奇了，年纪大了就想减少这种因素，我希望能在平淡平稳中有一种可品的东西。

朱郁文：所以要加一点暖色进去。

张　欣：对。暖色一般就是很个人的，因为我觉得一般人还是挺向善的。但我还真写不出来思想性、批判性都很强的那种作品，不是觉得那个不好或者怕担责任而故意回避，我是真写不出来。我挺佩服写出特别能带给人思考的史诗性作品的作家，我确实是不擅长。

古典文学的传统值得借鉴，不喜欢塑造"纯粹人物"

朱郁文：您刚才说您不太喜欢过于重视玩语言和形式的小说，您有没有读过现代派和后现代主义小说？

张　欣：读过一些，但我会不记得，不像很多人对此如数家珍。我有个朋友也是作家，他说的一句话我觉得挺对。现在一些很成功的作家老是说受到《百年孤独》、受到拉美作家或者西方某个作家的影响，但我那个朋友觉得中国作家的出路绝对不在外国作家身上，我挺赞同这一点。我现在爱看田晓菲写的《秋水堂论金瓶梅》，我觉得要是能够研究透中国传统，你的小说也可以写得很好。当然，你说受拉美作家或魔幻现实主义的影响可以成为一个优秀的作家，我也认同。但人一定要找到自己的路，不是所有的人走那条路都行。我们这一代作家旧学基础差，因为经历过一些特殊的时期，你说你有才华，那你的文字就是没有人家漂亮啊，这个你不承认也不行。你可以不喜欢董桥这样的作家，但你必须承认他的文字很漂亮、很工整，他的旧学基础非常好，如果你不承认，那我们就不要讨论了。许多作家，像我们这一代的，没受过系统训练，对文字的认识是不够深刻的，我现在都这么大年纪了还要看《三国演义》这些古典文学。

朱郁文： 等于说要回到古典文学的那种传统。

张　欣： 对，我觉得这些是我最弱的，旧学底子很重要。你说张爱玲看过很多外国的东西，我表示怀疑。但她看《红楼梦》《海上花列传》《啼笑因缘》，她看的都是那些旧的东西，她写出的文字依然可以很高级。

朱郁文： 现在文坛的主流或者说主力军好像都是受西方文学影响比较大。

张　欣： 就是觉得高级嘛。这里面有一种心理的因素在起作用，很多人去过西方但并没有在西方生活过，就会觉得他们的文学特别高级，讲尽了现代人想说的话，而觉得我们自己的就土，什么《杜十娘怒沉百宝箱》《卖油郎独占花魁》，这都是什么东西？很轻视。我觉得这也很正常，但我真的会对那些戏曲看得津津有味，其实故事内容都是知道的，但还是觉得挺好看。你觉得我不高级，那我也没办法。反正我就觉得要跟着心走，不要别人干什么你也干什么。

朱郁文： 您在采访中说新作《千万与春住》结束了对纯粹人物的塑造，我注意到了这句话，这个"纯粹人物"怎么理解？

张　欣： 纯粹人物就是溜光水滑，好人十足的好，有一种理想主义。人物虽然是挺好的，但隔界了别人就不这么看，比如影视界的人就会直接跟我说："张老师，这个人那么好，他身上都没矛盾，看点在哪里呀？影视剧很怕这样子。"也有人跟我提出非常尖锐的问题，他说："你看你这个一号人物身上根本没矛盾，所有人都爱他，所有人都对她好，所有男的都喜欢她，你这个我没法做啊，做出来好看吗?"这深深地刺激了我，我意识到这样不行，所以人物一定要有矛盾，不要纯粹，不管是好人还是坏人，都不能纯粹。人就是集好坏于一身的，一念魔鬼一念天使，很复杂的。

朱郁文:《对面是何人》写了一个有着武侠梦且不惜为之放弃一切的人，提到一个叫雷霆的导演，为什么会写这样一部将人物与武侠（侠义精神）联系在一起的作品?另外，我觉得这部小说比较特殊，因为人物的身份（由中产阶级变为底层小市民）和故事涉及的场景跟您的其他作品有很多不同，是什么原因让您产生了写这样一部作品的念头?

张　欣:那个导演也没有特指是谁，很多人以为我喜欢武侠小说，其实我是不看武侠的，我只是觉得武侠有点儿成人童话的感觉，千古文人侠客梦嘛。写这个小说的缘起是我曾经有一次看戏，先是看了《牡丹亭》，后来她们又演了一出折子戏《桃花扇》，"对面是何人"是里面的一句台词，当时我挺震撼的。我们平时特别熟悉的人，你其实不知道他（她）到底是个什么样的人，哪怕是夫妻，哪怕是觉得你非常亲近的人，其实你不见得很了解，他（她）身上可能藏着让你吃惊的一面，我是想说这个。至于里面的故事，都是虚构的。

朱郁文:就是说，这个小说不是为了表现普通人的侠义精神，而是要表现人与人之间的陌生。

张　欣:对。很多读者对这部小说印象挺深的，他们可能记不住具体的人名和故事情节，但记住了里面有一个人有个武侠梦，很不靠谱，又觉得他很可爱，他老婆拿他也没辙，读者能理解她为什么喜欢这样一个人，又觉得她挺窝囊，特别无奈。我就是想写人与人之间的这种不了解，这种很拧巴的关系，同时表现人的复杂性和矛盾性。

都市文学的核心是都市感的建立

朱郁文：说到都市文学，您作品里涉及很多场景，比如公司、高档住宅、会馆、星级酒店、茶餐厅、咖啡厅、甜品店、健身房、美容院等，这些明显是都市才有的，也涉及很多奢侈品品牌，这些东西是您实际生活当中经常接触到的吗？

张　欣：当然。

朱郁文：读者会不会由此对作者产生联想，比如：这个作者她平时的生活状态是不是也是这样？作者会不会也是一个很有钱的人，是不是也很爱奢侈品？有没有人提过这样的问题？

张　欣：还好。因为我也很怕炫耀性的文字，所以我写东西的时候一般会注意这点。有些女作家会不经意流露出炫耀的成分，我很不喜欢那种。你要夸自己就直接夸，不要那种："人家送给我一个汽车，我以为是宝马，结果是玛莎拉蒂。"我觉得这样好傻，你要炫耀你就直接说，不要绕来绕去。其实，我觉得都市文学它离不开一些东西。

朱郁文：都市元素。

张　欣：对。因为在写到某些人物时，他们身上可能有明暗面。虽然他们表面上用贵重物品或者过得很精致，其实回到家也是辣鸡翅、二锅头，但他们在外面要装、要用一些贵的东西。我写奢侈品一般都是这样写，绝对不是要炫富什么的，我觉得那种挺没水准的。但还是那句话，我会去了解，做好功课，否则会贻笑大方。

朱郁文：也就是说，所有的都市元素都是经过认真的了解和思考、做足了功课之后放进去的，不是说随便放个名牌进去。

张　欣：那当然了。我至少要知道。因为有一次，那是很早之前的事了，有一个演员跟我谈事，当时在上海，他说在哈根达斯那儿见，我说啥是哈根达斯。他说哈根达斯你都不知道吗？那时候真的是刚刚有，一般的人都不知道，我也不知道。我不觉得掉价儿，但我会觉得，如果是我在写作的时候，我啥都不知道，会显得特别傻。所以，有的东西我不一定拥有，但我得知道。比如我很少写游艇，因为我觉得很傻，你都是听来的嘛，你没去过然后你还说得跟真的似的，我就觉得不妥。但是我觉得写一般的名牌，我还是可以胜任的，那我就写中产阶级，我不写直升机、游艇什么的。

朱郁文：您一直在坚持都市文学的写作，它有没有逼着您要去追潮流、赶时髦？还是说您本就是很容易接纳新事物的一个人？

张　欣：我觉得没有，就是很天然的。就像你们男性讲三国讲历史，一个名牌我绝对过目不忘。你说到三国的那些历史我还有点儿蒙，我得查书，记不住；或者讲《三体》，那些高科技什么的，我也不行。但生活中的那些东西我也不知道是为什么，真的能过目不忘，别人跟我讲我马上就能记住，我根本没有刻意去记但我就是能记住！我觉得女人可能对物质的东西更敏感一些，特别容易记住。比如说，一些人在看球，一个女人在旁边，人家明明在踢足球，她一直在那里说姚明什么的，有些女性就这样。就像敬一丹说的，她问她的小孩什么叫德甲、西甲。足球这些我也不懂，这甲那甲我也分不清。但女性对名牌、日用品、化妆品、首饰、包，我觉得有一种本能的敏感。就是说，品牌对我来说根本就不是问题，我看过一遍就能记住。

朱郁文：现在评论界谈都市文学基本上都绕不开您的作品，您觉得自己是最好的都市文学作家吗？

张　欣：我觉得我至少是走在前面的。也有人讲都市文学不提我的，也不叫我参加相关的研讨会，也没有什么。我觉得很多所谓的都市文学，不是都市文学。都市不是表面的色彩，最核心的一点是它的观念已经完全不在我们的想象中，人与人之间的关系，包括夫妻关系已经完全不同于传统，也不同于乡村。我觉得这方面广州还是得天独厚的，毕竟跟港澳离得近，他们的文学走得远。我们不土，我很怕土。什么是土？就是很表面化的，比如：她颤抖的手涂着红指甲，然后她点起一支烟，假睫毛一闪一闪的，诸如此类我觉得是很差的东西。

朱郁文：（笑）您说的这个怎么那么熟悉啊！

张　欣：对，就是那样的东西。都市文学我觉得得有一种强烈的都市感，都市人考虑问题不是哭天抢地的，而是非常利益化的，夫妻有一方出轨，首先想到的是转移财产或者怎么利益最大化，不是一上来就要死要活的。我觉得要找到都市感其实不容易，因为我们的乡土文学非常强大。都市感其实还蛮缥缈的，人的身份、人与人之间的关系是飘忽的。

朱郁文：对。您提到的这个都市感很关键，我去年写的关于您的评论文章也提到了这个问题。现在很多都市文学本质上并没有摆脱乡村，作者的思维依然是乡土文学的。他的作品里的元素是都市的，但思维还停留在农耕文明，尚未转变过来。

张　欣：对。我觉得你说到了要害之处。有的人的思维是很奇怪的，包括一些男作家写的，什么我很有才，大家都爱我，女性一见到我就要跟我好。这个世界上哪有人人都爱你这种事儿？不要老是一写都是别人都爱你。写一个作家或者一个画家，所有的人都对他好，都爱他爱得不行，然后他身边的女性没有一个要名分，就跟在他身后默默奉献。作者这是在想什么呢？难道这是都市文学吗？

朱郁文：您说的这种现象很普遍的，很多作品都有这种内容或者带有这种倾向。

张　欣：这就是乡土文学，我告诉你连乡村都没这种事，这是作者臆想出来的。

朱郁文：我们的文学评价体系一直非常看重乡土文学，比较轻视都市文学，当然这可能跟中国历史上是一个农耕文明国家有关。

张　欣：对，有关。

朱郁文：而且乡土文学的传统比较久。城市文学最多也就是改革开放之后慢慢起来的，上海可能会早一点。它发展的时间短，体量也比较小。所以从这个角度讲，您的写作的意义不光是一个量的问题，不光是这么多年在坚持都市文学写作，关键是这种写作背后是您说到的那种思维、观念的确立，也就是都市观念的一种确立。这很重要。

张　欣：是。人们的观念不转变，都市感就建立不起来，人们很容易用自己臆想出来的东西来传递其价值观、世界观，是否更接近文学，更接近生活，读者一看就知道。

性别与文学：不喜欢《老炮儿》，更不喜欢《霸道总裁爱上我》

朱郁文：读者注意到您比较擅长写女性角色，但我觉得您对于一些男性角色的塑造也非常形象和到位，没有给人那种概念化的感觉。您觉得哪一类人物写起来更得心应手？

张　欣：其实都不得心应手。有的时候只是看上去很轻松。

都市文学不是一惊一乍的，怎么说呢，比如主人公失恋了，然后又没工作了，可能家里人还得了重病，主人公不知道该怎么办，但这个主人公脸上是没表情的，这里面有一种不动声色的残酷。而那种很一惊一乍的，比如说房子着火了，然后三个惊叹号，我觉得就没有都市文学的潜质，一定要是虽然很难但大家都保持表面的那种平静。写作其实也是这样，就一句话带过了，或者你可能就写主人公当时什么也没说，就看着窗外或者是怎么样。我写的时候是挺辛苦的，就因为要压着情绪写，不是发泄式地写。哪怕人物心里无比难受，写的人也不能一泻千里，不然就没法看了，全是那种个人情绪，很傻。一定要绷着写。

朱郁文：怎么在不动声色、在平稳当中把这背后的残酷性写出来，这是很难的。

张　欣：对。因为情绪绷着就会冷静，情绪一定要管理，特别是作家，作家不能情绪化。

朱郁文：我读您的作品的感受也是。有很多作品能明显感觉到作者是跟着这个故事情节在发泄他（她）的情绪，但我读您的作品就没有这种感觉，但这里面又有一种残酷性或冲突性。

张　欣：我想说的就是没有好写的人物。我有一个读者看《千万与春住》，看到其中的一个男主人公，感觉"他怎么那么完美"，但看到后来他就傻了，这个人出轨、有私生子。所以，你要很警觉，其实在写一个人好的时候就是为了后面表现他的坏，如果连这种警觉都没有那你就失败了，拼命铺垫这个人如何不好最后也不好，这种写法只有不会写作的人才这样写。

朱郁文：现在很多文学作品和影视作品，对人物尤其是主要角色的塑造往往套路化，比如男的是浪子渣男，不管怎么花心怎么渣，始终有个女的很爱他；再如有些女性角色，不管经历多少苦难、受了多大的委屈，依然是默默承受和奉献。

张　欣：文人很容易弱，特别容易营造出一种人见人爱、花见花开的自我设定。这其中包括女性观，你看电影《老炮儿》里的许晴扮演的那个角色多典型。

朱郁文：奉献、牺牲自己。

张　欣：对。我的东西你随便用，这是我的房本，这是我的定期存折，你拿去用就是，从名分到钱我什么都不要，这不都是典型的男性思维吗？女性永远是跟随男性但什么都不要的，对这样的情节我觉得好无语。

朱郁文：但这种还很主流。

张　欣：非常主流，而且是男作家理想的女性形象。他们就觉得，好女性不就这样的吗？就是无私奉献、默默紧跟。

朱郁文：听您说这些，感觉您还挺女性主义的。

张　欣：但我写文章并不女性主义。

朱郁文：我记得您说过自己不是一个女性主义者。

张　欣：不是。我对女性的批判也很严苛。当然，我肯定会有对男性的这种不满，有人跟我说过，"张老师，虽然你写男的也还可以，但里头没有完美的，都是有缺陷的"。我说，我自己也没在意，反正我就觉得这样设置可能更合理，或者与现实更接近。难道我还要搞一个"欧巴"① 吗？

朱郁文：（笑）霸道总裁。

张　欣："霸道总裁爱上我"，好得要命，还目不斜视，只爱你一个。这咋写？没法写！这种性别观我不喜欢，当然也就不会这么写。但有的男作家会，因为他理想中的女性最好的样子就是这样。

朱郁文：个人认为，虽然您说您的写作不是女性主义的，但从您很多作品对女性的塑造中可以看出，您的立场还是很女性主

---

① 韩语，哥哥之意。

义的。

张　欣：我觉得应该是倾向，有女性主义倾向，但我真的不是女性主义者。

朱郁文：您有关注过与女性主义相关的东西吗？

张　欣：没有。我内心深处觉得男性思维本身有一种智慧，就比如说他看结果，这就很重要啊，人们总说过程重要，但结果不重要吗？我们都没结果，那过程再重要有何用？我觉得男性思维里有天然的智慧，而且有很多女性是特别糊涂的。话得从两头说，不能光说《老炮儿》那种女性观不行，《霸道总裁爱上我》那种更傻。

朱郁文：就是要理性地看待这个男性思维。说到性别的问题，您有没有想过性别跟文学的关系？

张　欣：肯定有关系。一般都会说女作家细腻，感情比较丰富。

朱郁文：这也是一种刻板印象。

张　欣：对。我跟别人不一样，我在构思东西的时候会更强调气度、格局，因为我觉得不能人家说女作家应该细腻我就往这方面发展。我觉得没必要，反而要有一点儿格局和胸怀，整个作品不能特别"女性"。我不喜欢那种一看作品就觉得是女作家写的，也不喜欢很有性别感的那种作品。

朱郁文：之前有个概念叫"小女人写作"，您肯定不是那种。

张　欣：对，我很回避要死要活的那种创作。我觉得没有了就没有了，要承认它。

作家与地域：你要不想写，这个地方出一万个文人，也跟你没关系

朱郁文：您在省作协、市作协任职多年，可否谈一下广东的文学生态？

张　欣：这个问题很难讲。有的地方就出作家，有的地方出的就少，根本没有可比性。我还是那句话，喜欢的人怎么样都能写出来，不喜欢或者不是这块料的在哪都不行。广东省作协扶持力度不能说不大啊，专门设立基金培养青年作家，又开展大湾区文学什么的，我觉得抓得挺紧的，但是文学靠的是作家一个字一个字去写，它见效慢。我很反对不切实际定目标：多长时间之内要怎么怎么样。我看有的人报计划上来就是写几百万字，我就觉得这很不靠谱。我还是觉得作家应该踏踏实实去生活，去写作，我也是这样去影响其他作家的。我也从来没要求作家整天去找领导，要拿出一大笔钱去砸什么的，我觉得这些都不重要，文学一定是要内心热爱，才能走下去，否则怎么都不行。如果是利益的选择，那就很难长久。

朱郁文：对。很多人谈起来觉得好像广东没出过什么大作家，现在很多有名的、活跃在文坛的作家，基本都是外地过来的。去年底我参加广东省评论工作会议，大家说起来觉得文学评论这一块也弱。我就想这些跟地域到底是一个什么关系？我也没理清这个问题。难道就是因为它的商业气息太重了？

张　欣：我觉得都不是。这个没有什么好讲的，这就是一个

天问吗？我们那时候去北京开会，像我这样的作家在北京有的人可能连开会的指标都拿不到，他们作家多嘛，但到其他地方可能都变成作协主席了。这很正常，我们这边出生意人咋不说呢？有的地方出生意人，有的地方出文人，这都正常，大家心态都要放平。不要想着，我们自己宣传得不够，自己宣传有什么用啊？人家不认还不是没用，我觉得还是要心态放平。我就这么认为的，所以我一点儿也不拧巴。这个问题完全没必要纠结，作家要写就使劲折腾，创作也好，评论也好，就可劲儿写，跟别人一点儿关系都没有。你要不想写，这个地方出一万个文人，也跟你没关系！

每个作家都有自己的领域，保持对生活的开放姿态和好奇心

朱郁文：很多人将您的作品跟其他女作家比较，比如张爱玲、王安忆、亦舒、池莉，您怎么看待这个问题？

张　欣：看怎么说吧，就像我刚才说的，其实一个人跟一个人是没关系的。我觉得肯定有异同，相同的地方就是大家都有一个根据地，王安忆是上海，池莉是武汉。池莉也被认为是专门写小市民的，我也写小市民，我们谁不是小市民啊？不能因为这个就说我们一样，但确实一人一个根据地，总不见得说想看广州的南方的生活就去看她们的作品吧？想了解上海的生活看我的作品，那更不可能啊！我觉得要说共性就是每个人有自己的领域，要说不同就是每个人输出的东西不同，对生活的表达也不同。

朱郁文：您在写作上有没有受到过她们的影响？

张　欣：张爱玲、亦舒的影响我觉得肯定有，但差不多同时代的作家比较少。反而我觉得是别人经常模仿我，比如说洗澡水里放花瓣，类似这种情节。别人模仿我的还挺多的。

朱郁文：这个也不是随便能模仿得出来的。

张　欣：对，总的来说关系不大。但我觉得都市文学作家也好，女性作家也好，不管你属于哪一类，最重要的是你的共情能力要特别强，没有共情能力，读者读你的作品就会有隔膜。为什么张爱玲会说"看别人的故事流自己的泪"呢？其实你所有的掉眼泪都是为了自己，并不是为了别人。一个好的小说家就会有这种共情能力，读者看了作品就会联想到自己，所以我觉得还是蛮重要的。

朱郁文：您自己是否有特别喜欢的作家或曾受其影响的一些作家？

张　欣：应该都有吧，但我没有像有的人那样顶着一个，就是只有他，永远就是他。这就跟我的好奇心一样，村上春树的书我也看，我觉得他的都市感特别好，东野圭吾的书我也看，反正我觉得能看的都看，看得很杂，当然只看有感觉的书。那些哲学书、理论书我读得少，因为我真的读不进去。我很感性，是一个感受型的作家，就是说我是需要有那种真实体会的，我不擅长抽象思维。此外，我总觉得生活就是一本大书，要爱生活，有时候听别人一个故事真的胜过自己读好多书。作家对生活要有热情，这跟读书一样重要，读万卷书不如阅人无数，见过很多人，才有可能谈得上阅历。

朱郁文：那平时您的生活状态是不是比较开放式的，是不是宅在家里写作的那种？

张　欣：不是。

朱郁文：要接触不同的人吗？

张　欣：对，我觉得有价值的我都去接触，接触不同的人和事儿。很多都不是写作这一行的，可能是白领，或者自己创业的人，他们会跟我说自己的事儿，我会很感兴趣，但那种很沙龙式的、那种很装的，我没兴趣。而且同行的我也觉得没意思，因为你说深了浅了都不是，说得浅就是应酬，说深了也是难办。

朱郁文：反而跟同行交流的不是很多。

张　欣：不多。除非有事。

朱郁文：那您是否有意识地走街串巷去观察市民的生活？

张　欣：有啊，就是出去走一走，或者坐公共汽车，都有。然后看别人的东西，跟他人随便聊两句，但没有什么居高临下地说"你们这是干什么的"，我从来没有这样。

朱郁文：跟陌生人也会聊天？

张　欣：陌生人我也会去看，比如人家说到某个"甜品"，为什么大家都点那个呢？我就会去看，就是对生活充满了好奇心。我就是这样的。

爱好、个性、习惯及其他

朱郁文：在《都市先锋——张欣创作研究专集》的序言里，白烨老师说您曾经托他找一些建筑美学方面的书，以便从中借鉴和汲取结构营造的技法，这些书有没有对您的创作产生作用？

张　欣：不管是建筑、音乐还是绘画的，对写作还是有用的，艺术有很多相通的东西。我们谈写作往往会说，语言很重要，人物很重要，故事很重要，那我问你，什么不重要？它都很重要。有一段时间我对结构特别在意，它会影响整个小说。比如你只有四根小柱子，就很难撑起整栋房子，它就会垮掉。为什么很多时候我们写到一半就不知道怎么写了，就是结构没搭好，他就那么多事儿、那么多话，讲完了，就不知道该怎么写了。要凑个长篇，他就会开始东拉西扯。

我是有一段时间对结构、对建筑美学比较关注，比如与贝聿铭相关的内容。我肯定是门外汉，不懂，但是我会想，他的东西为什么那么经看呢？我觉得四平八稳的东西挺得我心的，比如说字典、广场这些东西看着特别踏实。我反而不怎么喜欢奇特的商场，我不是特别喜欢时髦的东西。回到我的写作上，我也是四平八稳，我觉得要写什么人说什么事儿就好好写、好好说，不要整很多小动作在里面，故意要显得与众不同。我是想说，什么样的审美，写出什么样的作品。我是喜欢平常的那种，不喜欢那种刻意要表现出众的。

朱郁文：在您的小说中，不止一次提到心理学方面的问题，不少主人公也设置为有心理疾病的人，您对心理学是否有特别的兴趣？

张　欣：所谓的研究都很肤浅，我是觉得一个小说家至少要了解心理学吧。都市小说的核心是什么？肯定是心理问题。都市人很大一个问题是内心的挤压越来越厉害，不管是有钱的没钱的，混得好的混得不好的，都很有可能存在心理问题，那这就是一个问题啊。所以我会了解这些方面的东西，别人说的时候我也会留心听。

朱郁文：您的很多作品里会提及绘画（美术）、日本漫画、小说、电影、音乐等，您平时对这些都有涉猎吗？对其他艺术门类的接触是生活常态，还是说为了写作特意去了解？

张　欣：基本上是常态，主要是好奇心使然，作家没好奇心挺累的。每个作家都有一个写作的"基地"，我觉得我对都市写作挺有好奇心的，不管是都市白领还是钟点工、月嫂，他们的衣食住行我都有兴趣，我都会有兴趣听。好多作家对时下很多事儿都完全不知道，包括很普通的菜都没吃过，我觉得这样子不行。但也会有那种，我要写一个什么事儿，但是特别模糊，我就会去看去问。至于你说的看个画展、听个音乐会这些还是会经常有的。到北京，我都会自己买票去看德云社相声。

朱郁文：文学之外，有没有一种艺术门类是您特别喜爱的？

张　欣：我没有特别钟爱哪一种，因为每一种门类都分三六九等，我是对什么都有点兴趣。我有一点可能跟别人不同，会觉得小说没有那么高级，就是改变别人世界观什么的，我从来不说这些，那就是一个小说，看着好玩呗。我就是想多知道一些事儿，别人可以不知道，但我觉得我要知道，因为你要写、要告诉别人，如果你自己都不知道，那你还写什么呀？也算是一种职业习惯吧。很多人吃了什么看了什么可能当时感慨一下就过去了，但是我会留心记住，没准以后就用上了。

朱郁文：您喜欢参加文学活动吗？比如研讨会、沙龙、读者见面会、新书发布等。

张　欣：不喜欢，特别少。偶尔参加都是跟出版社，但像要花钱请人的那种，不怎么搞。包括这次《都市先锋——张欣创作研究专集》研讨会，也是广东省社科联要举办，我本意是不想去，因为我觉得实在是说不出个所以然来，在那一本正经的，感觉好傻。而且你花钱请人大老远来，人家能说不好的吗，都说好的那有啥意思？但你说不好的我也不高兴啊，我大老远请你来让你说我不好呀？但是人家举办也是善意，我也不想伤大家和气，就去呗。我觉得写作这件事，有人看就写，没人看就不写，这是很自然的事儿。反正我觉得作家得有读者，而且身段要放低。很多作家用力过猛，出了一本书，感觉不得了，无数人拔高。当然，有什么资源用什么资源，我也不反对，但作为我个人来讲，我希望更自然一些，不要赋予它太重的东西。小说不是特别不得了的东西，看着好玩就行了。所以我不喜欢参加你说的那些会。

朱郁文：那您在乎评论界对您作品的看法吗？

张　欣：怎么说呢，我要说不看重，是很得罪人的话，别人会说我还不稀得看呢，对不对？一个作家选择写作肯定是有原因的，肯定是发自内心喜欢的，有评论当然会高兴，而且有些真的说得特别好。上次《都市先锋——张欣创作研究专集》的研讨，他们说得很好，也挺客观的。评论有评论的角度，常常是写作者没有想到的，但是你说我特别看重这一块，要跟他们处好关系，希望他们多关注什么的，我是真没有，都是很自然的状态。

朱郁文：不考虑人情世故这些，在您看来评论对写作到底有没有作用？

张　欣：那还是有的吧。有些评论还是挺受启发的，但是有的人是完全不看文本，就在那儿大侃特侃。我觉得各司其职吧，只要是良性的、自然的，就会有好的结果，如果特意往上拔，或者用力过猛，反而会削弱作品的价值。除了评论家的话，我们还要看读者，虽然每个作家都说是为自己的内心写作，说为读者写作好像有点不上道什么的，但我不这样认为，一本书它印出来，标了价钱，它就是商品，怎么能一点儿不考虑读者。

朱郁文：您一直在强调对读者的重视，那据您所知有没有读者因为读了您的书而改变的？这种改变可以是现实生活层面的，也可以是精神层面的。

张　欣：肯定有，但具体是谁、怎样的影响我也不记得了。我的粉丝大多是年龄较大的，也有一些年轻的跟我说："你所有的小说我全都看过，我都有，你没有可以问我要。"也有人说，当年看了我的哪一部作品，就改变了她的生活，这些都有。我们自己也会有这种情况，就是在很艰难的时候，别人的一句话听进去了，然后生活发生改变什么的。还有人说我的作品对女性几乎就是"变态的励志"。

朱郁文：因为您的小说是都市现实主义的，虽然也不一定有原型，但很多人都能从中找到自己的影子，由此可能会受影响。

张　欣：对，就是影子，不可能完全一样。

朱郁文：作家蒋子丹（《张欣印象》）、池莉（《张欣暖洋洋》）、张爱红（《热爱生活——小忆张欣》）、陈志红（《漫说张欣》）、何镇邦（《纯真任性的张欣》）等都写过对您的印象，您觉得他们写的符合真实吗？

张　欣：我觉得都挺好的，因为他们的角度不同，都是认识很长时间的，也说觉得挺好写的，但到真正落笔又觉得不好写。他们写我也比较平和，我也希望是这样子，我不希望别人说得特别夸张，也没必要。我觉得大家对我都挺善意的，我很感谢他们。

朱郁文：蒋子丹在文章里说您为了捍卫她的小说（《黑颜色》）跟一位作家舌战，这种情况多吗？您会经常跟别人争论一些问题吗？

张　欣：不多，那时候太年轻了，有时候就会多说两句，而且那时候文学的氛围也不一样，谈论起来很自然。

朱郁文：对，那个时候感觉不谈文学不太正常，现在感觉谈文学不太正常。

张　欣：根本不是那个时代了，那个时候一说起什么，大家都看过，都能说上几句好还是不好，现在谁还看你呀？哪怕你得了大奖，也不见得有很多人看你的小说，大家没有共同语言。

朱郁文：我的感觉是这么多年来您在写作上一直保持着旺盛的生命力，非常高产，您平时的写作习惯是怎样的？比如有没有给自己规定每天写多长时间、写多少字、在什么时间段写？

张　欣：没有。很随意的，有时候好多天不写，没感觉就不写，有感觉就写，不写小说就写随笔什么的。我也没有别人想象得那么高产，写完一个我也会好久不写，只不过每次出来，大家都说："怎么又出了?!"好像觉得我很能写。我写东西没有说很固定，但是我会做长时间的准备。

朱郁文：在数十年的写作生涯中，有没有遇到真正的写作困境？那种长时间没办法写作、写不出东西的困境？

张　欣：当然有，每个作家都会有。那种焦虑永远都在，这是作家比较累的地方。随时会憋在一个地方，过不去，很常态的。

朱郁文：有没有哪一部作品让您觉得是最喜欢、最满意的？

张　欣：谈不上最满意吧。作品的好坏在写的时候作家是能感觉到的，一个东西如果写坏了，作家是知道的，如果对自己有要求，就不会随便让一个作品烂尾。有的作品你会觉得，应该还不错，但没有好得不得了那种。

朱郁文：部队的生活对您的写作影响体现在什么地方？

张　欣：部队里不能个性太突出，大家都一样，我觉得它对我的改变包括正确地看待自己、尊重别人的价值观、人要合作、很强的时间观念等。部队很讲合作，不然到战场上就会很快死掉，这对我是一个特别重要的训练，所以我在很多地方都可以跟大家相处得来。比如你要跟意见不同的人一起工作，你不可能挑或者任性，我会站在别人的角度想问题，写作上我也会站在读者的角度想，有的作家太注重个人表达，部队教会我不把个人利益看得太过重要。我觉得部队对我最大的影响是我会以很平和的心态来为人处世，包括刚才说的别人对我的不理解、误会什么的，我都能淡然处之。

（原载于《粤海风》2020年第5期，有删节）

  黄灯：湖南汨罗人，学者，作家，中国现代文学馆特邀研究员，"爱故乡文学与文化专业小组"组长，现任职于深圳某高校。多年来关注乡村和教育问题，创作的《一个农村儿媳眼中的乡村图景》曾引发 2016 年全国乡村话题大讨论，另著有《大地上的亲人：一个农村儿媳眼中的乡村图景》《我的二本学生》等。主要从事文学批评和文化研究，业余写作随笔，曾获琦君散文奖、"第二届华语青年作家奖"非虚构奖、三毛散文奖、《当代作家评论》年度论文奖等。

黄灯：让看见的被看见

朱郁文×黄　灯

借新媒体走红的"返乡书写"

朱郁文：还是从五年前您那篇在网上"走红"的文章《一个农村儿媳眼中的乡村图景》谈起吧，我后来读了您的书、了解了您的情况之后，再看这个名字，觉得不太像是您自己取的，在这里向您求证一下，这个名字是不是有改过？

黄　灯：名字确实是我自己取的。那篇文章最开始是我拿去参加一个学术会议的，就是 2015 年 11 月的时候，上海大学文化研究系在重庆大学举办的一个学术会议，会议的主题就是"城市与乡村：文化的力道"。要把它作为会议论文，肯定不能用"农村儿媳眼中的……"这样的题目，我就把它改成了《回馈乡村何以可能》，然后在《十月》发表的时候也是《回馈乡村何以可能》，一方面是让它更像是一篇学术论文，另一方面更符合刊物用稿的要求，但是后来把文章给上海大学文化研究系的学术公众号"当代文化研究"的时候，就把题目改回原来的《一个农村儿媳眼中的乡村图景》。

朱郁文：那您太会起名字了，很懂新媒体！因为从受众的角度讲，它更容易吸引眼球，很适合新媒体传播。

黄　灯：因为新媒体的传播特点跟传统媒体确实不一样嘛。你的内容要很明确，让读者一看这个标题就知道要讲什么。《回馈乡村何以可能》是一个很学术化的表达，跟大众还是有距离感。

朱郁文：这篇文章从写之前到媒体发布整个过程，有没有跟其他人交流？比如说私下先跟亲近的人商量一下，或者写好之后发给朋友或者家里人先看一下。

黄　灯：没有，根本来不及。这篇文章是 2015 年 11 月 2 日到 3 日写完的，写了两天，那时我在中国人民大学访学，因为做会议论文嘛，写完了立马就投给会议主办方了。

朱郁文：文章真正产生反响是在微信公众号上发布之后。

黄　灯：对，就是 2016 年 1 月 27 日这一天。

朱郁文：那后面引起的反响是否在你的意料之中？

黄　灯：没有，没法想象的。新媒体的东西你无法预料的。

朱郁文：引起关注和反响，您是第一时间关注到的，还是别人告诉您的？

黄　灯：我当时没特别留意。我记得很清楚，那个文章是在 2016 年 1 月 26 日晚上我发给微信公众号的，刚好要过年了，我是当天晚上买了票回去的，所以文章在传播过程中我刚好在路上。等我回到湖南的时候，就有很多人跟我联系，好多以前很少联系的朋友给我发微信，然后我看阅读量很快就超过 10 万了，传播得特别快。

朱郁文：您觉得在这个过程中，传统媒体和新媒体各自发挥的作用有什么不一样？

黄　灯：其实按我的性格，我还是对传统的媒体会更慎重和郑重一些，但是新媒体是我们必须正视的一种传播方式，因为它传播的速度和受众之广完全超出我们的想象。

朱郁文：如果没有这些新媒体，可能就没有后面这些事情了。

黄　灯：对。我的文字被公众所熟知，全部是通过公众号传播，我从 2003 年就在传统媒体（《天涯》）上发表随笔了，说句不谦虚的话，我以前写的随笔没有比现在写得差，为什么没有产生那种传播力，其实无非就是传播媒介变了。

朱郁文：您觉得"返乡体"能够"走红"，制造"爆款"，除了新媒体的作用，它背后真正的原因是什么？

黄　灯：所谓的"爆款"，它只是一个媒介技术的东西，真正能够在社会上产生影响力，还是由文字的内容决定，是由文章所提出的问题决定的。包括比我早一年的王磊光那篇文章①，写得不见得有多好，但它里面提到很多现实的问题，我的那篇文章也是。我的感触特别深，我几乎把网易新闻转载我的那篇文章的两万多条留言都浏览了一遍，我发现普通民众跟我出身差不多的人在这个问题上会有很强的共鸣，他们觉得自己的村子、家庭、亲戚也是这样的，也面临这些困境，后一代也是面临这些问题，

---

① 2015 年 2 月，上海大学在读博士生王磊光的文章《一位博士生的返乡笔记》在"澎湃市政厅"微信公众号推出后，引发广泛关注和热议。

然后就会有种强烈的代入感。社科院学者沙垚专门去研究调查了一些数据，发现在读者当中，那些普通的打工人，那些从乡村进到城里去的一拨人是最多的。

朱郁文：您的文章"火"了之后，您和您的丈夫两个家族的人，应该都会看到您写的东西，他们有什么反应？

黄　灯：说实话，他们不会太关注这些，尤其是我丈夫家那边的人。这种状况恰好说明了他们在社会上所处的真实的处境和地位。

朱郁文：他们关心的不是精神层面、文化层面的东西。

黄　灯：对，我估计就一两个文化程度高一点儿的外甥女读过我的文章，别的人可能都懒得读。

朱郁文：有些作家，写了很多跟自己的家乡或者家族有关的作品，这里面有很多内容可能不是很阳光、很积极，有一些负面的内容，那作家写的时候可能会有顾虑，您写的时候有没有这方面的顾虑？

黄　灯：没有，至少写《大地上的亲人：一个农村儿媳眼中的乡村图景》时没有。因为这确实是事实，现实生活中就是这样发生的。

朱郁文：这些内容有没有给您书中提到的人看过？

黄　灯：我在和他们聊天的时候就告诉他们了，他们都知道的，他们都参与了这本书。

朱郁文：您最早采访是什么时候？就是做这种乡村采访。

黄　灯：其实我觉得没有一个特别明确的采访过程，就是聊天，就像我现在跟你聊一样，有时候是在一些很随意的场合。像我老家的那些亲人都在广州市白云区的棠下村，逢年过节我都会去那里玩，一家子一二十个人在一起家长里短地聊，写作素材就是在那种聊天的过程中积累的。

朱郁文：最早跟他们聊的时候是不是也没有想到以后一定会转化成文字？

黄　灯：没有，不知道什么时候会转化为文字，但是我积累了素材，在做准备。本来我就特别想把《我的亲人在广州》写出来，但是后来因为结婚生孩子耽误了几年，就把这个事情搁下来了。

朱郁文：那您开始乡村写作之后，后面再采访的时候会跟对方说这个东西会转化成文字吗？

黄　灯：也不会这样跟他们说，比如说我的书里有一部分提及我的那些堂弟们，我这本书确定要出版了，需要补充内容的时候，等到逢年过节大家见了面，我就说有没有空，大家一起聊聊天，然后我的那些堂弟就会很热情地说可以啊，就想让我采访他们。他们有种强烈的愿望，想让你知道他们更多的事情。其实他们也有一种被看见的需求，那种愿望很强烈，他们不太会有那么多我们所说的隐私的感觉，因为我的书也不是专门去揭别人的隐私，其实就是呈现一个人的近况，他们就觉得这些事情我都做了为什么不能说呢。他们特坦诚，会把内心深处的东西告诉我。我以前可能觉得不好意思、忌讳，不想去问一些话题，但是他们很坦然地告诉我，像偷窃、吸毒、乞讨等这些话题，都会跟我聊。

朱郁文：这个倒是有点出乎我的意料。因为被采访的人一般都会期待采访他的人最后能够将他一些正面的、积极向上的东西呈现出来。

黄　灯：没啥积极向上不积极向上的，因为都是一种对状态的描述。

朱郁文：就像您说的，他们确实渴望被看到。

黄　灯：对。

用文字去改变

朱郁文：从内容上来说，返乡书写的指向基本上还是比较一致的，都是当下中国乡村的处境，包括几篇引起关注的文章，虽然涉及的是不同省份的不同村庄（像您所写的丰三村，王磊光写的他老家王家湾，梁鸿笔下的梁庄），但我觉得大的问题还是比较一致。您觉得造成这种问题的大背景是什么？为什么现在中国乡村普遍有这些问题？

黄　灯：其实说简单也简单，说复杂也复杂。整个中国近几十年发展的最大趋势，就是现代化。现代化进程表现出来的是乡村和城市之间的交换，但是这种交换并不是对等的，更多的是乡村向城市输血，乡村大部分是付出更多的那一方。你看珠三角地区是最明显的，就像我和你都不是这里的人，但是我们在这里工作，站在故乡的角度来说，岂不是白培养了我们？岂不是占用了故乡很多教育资源，但是最后产生社会价值是在另一个地方。这些是乡村问题的根源。

朱郁文：等于是用乡村来哺育城市，但是城市对乡村的反哺远远不够。

黄　灯： 对。为什么乡村的人心甘情愿到城里面来呢？尽管到城里来会很累、受很多苦，但还是比待在家乡要好很多。因为在家乡赚不到钱，到城里好歹一个月还可以挣几千块钱。这背后是受市场经济的牵引，它是一股巨大的裹挟力量，也就是整个全球化作用到我们故乡的一个局部。

朱郁文： 就目前的趋势来看，您觉得这种局面是会继续强化，还是说会有一个扭转？

黄　灯： 我以前一直觉得这个状态没办法扭转，但是根据这两年的观察，我现在觉得这种趋势慢慢停下来了。这几年农村的变化蛮大的，整个交通状况好了很多，水、电、网络这些基础设施也越来越完善，这个属于国家层面的投入，也是倒逼城市反哺乡村的一个方面。而且整个国家在乡村振兴这一块，这两年的转向也是特别明显的，所以现在还真不好判断，说不定会有扭转。

朱郁文： 说到乡村振兴，因为现在各地都在做，好像也存在模式化、"一刀切"的现象。对于经济发达的地方和经济相对落后的地方，如果以同样的标准去开展乡村振兴，可能更不利于那些相对落后的地方。比如说，你全部以产业、GDP 增量来衡量的话，可能也会带来一些问题。

黄　灯： 这个问题就特别复杂了，我也不太懂，我只能说根据我的观察，现在人口的回流还蛮明显的，我那些在城市里打工的亲戚现在回去了很多，真正留在南方的已经不多了，因为待在广州的话买不起房子，然后孩子的教育问题也解决不了，他们就一心一意地回家了，这个事实上就是一种要素的回流。

朱郁文： 对，首先是人往回走，有人才会带动其他方面的改变和发展。

黄　灯：对，一定得有人，现在我发现人才是最重要的资源，什么都比不上人重要，真的，一个村里面如果没几个小孩，没几个年轻人，就会显得死气沉沉，你可以没有高楼大厦，但是得有几个很有生命力的人在。一个国家也是这样。

朱郁文：乡村虽然也普遍存在着一些相似的问题，但也是有差距的。您在书里写的您出生的、成长的、出嫁的这三个跟您的生命有关联的村子，您觉得在"生存图景"上有哪些明显不一样的地方？

黄　灯：其实本质上没有太多的差异。只是我小时候待的村子，就是我外婆的那个村，因为这里经济条件会好一些，然后传统文化保留得更好一些，发展的基础会好一点，但也跟另外两个村子没有本质的差异。不会像珠三角地区，因为地缘因素而成为城市化进程的一个巨大获益者。

朱郁文：还是回到文学，在中国现当代文学史上，虚构的作品也好，非虚构的作品也好，我觉得主流一直是乡土文学，这个可能跟农耕文明有关，但是随着这几十年的城市化、工业化发展，乡村的结构、人伦关系都发生了很大的变化，您觉得这种变化对当代的写作会产生一种什么影响？

黄　灯：很难说有直接的影响，因为写作归根结底还是靠写作者本人，特别是他的认知能力、现实表达能力，所以我觉得这个影响不太好说。但是说到现实主义的作品，那现实变化了，作家写出来的"图景"肯定跟以前的作品会有所不同。

朱郁文：像莫言、贾平凹，包括比较早的萧红、沈从文，他们写的是跟他们自身有很紧密联系的乡土生活，而随着我刚才说的乡村结构和文明生态的变化，您觉得在年青一代甚至往后的作家当中，还会出现像他们这样的作家吗？

黄　灯： 这个也不好判断，因为写作真的是跟个体有关系的，我们真的无法预料后面的人，你不能说后面的人就一定超不过前人。

朱郁文： 原来是乡土文学占绝对的主流，往后会不会是都市（城市）文学占主流？

黄　灯： 其实，我觉得我们不能把乡村题材和都市题材搞得太机械了。比如《大地上的亲人：一个农村儿媳眼中的乡村图景》，它不见得就是纯粹的乡土文学，因为里面有很多内容是写农村人在城里怎么过日子的，我们很难说它就是一个乡土题材的东西。所以我觉得不要把它们分得太开。

朱郁文： 您有一段文字是这样说的："如果说在返乡书写上面，王磊光挑起了话题，我强化了话题，那么今天摆在面前的挑战，是如何将话题引向建设性层面，如何写出更成熟宏大的作品来推动这个返乡书写与乡村建设两者之间的关联，然后可以将话题引向更深入的思考，并促使改善乡村面貌的行动落地。"您还说希望农村能够恢复本身的活力和生机，您对这个是否乐观？

黄　灯： 我从 2006 年开始一直参与乡建活动，你不是问我，我接触作家多还是学者多吗，其实在日常生活里，这两拨人我接触的都不多，接触得比较多的反而是那些做乡村建设的人，那些实践者。所以我写作的导向跟那种纯粹写作的会有点不一样，我可能会更"功利"一些。如果只是揭示了问题，我会觉得不满足，我要追问如何解决揭露出来的这个问题。比如说我哥哥那一辈人很不幸，然后我的侄子也面临那样的处境，有没有办法阻挡这种困境的代际传递？我觉得这个问题对我来说更重要一些。如果能够解决下一代的问题，就意味着乡村的问题可以在某种程度上得到缓解。所以我所说的那种建设性主要就是说，在问题暴露出来以后，我们有没有可能激活自己的主观能动性去采取一些具体的行动，而不是仅仅停留在文字层面。因为现实中已经有很多人在做这样的事情了，只是他们不写，而我写了，我又是他们志愿者中的一员。其实我说的话的背景在这里。

朱郁文：所以还是希望通过写作能够对现实产生一些影响。

黄　灯：是。反正就是看到了然后写出来，这是第一步；能不能在这个基础上用自己的行动力去解决一些问题（不管解决到什么程度），这是第二步的东西，我觉得这两者都是不可缺的。

朱郁文：根据您的经验，写作能在多大程度上对改变现实产生作用？

黄　灯：我在写之前肯定不会奢求，但事实上还是能让人看到更多的真相，会引起一些关注。在解决问题之前，你首先要看清问题，是吧？就像医生给人看病一样，首先得诊断病情。其实所谓的写作，就是写病历，我通过我的个人经验，把看到的社会现实的某一部分写出来。之所以用非虚构的方式，是因为我要在最大程度上保证它是跟事实接近的。然后，我解决不了的问题，社会学家看了，经济学家看了，做教育的人看了，能给他们提供一些来自生活的案例。要说我到底解决了什么问题，我也不知道。

朱郁文：让别人"看见"，本身就是一种对现实的影响和改变。

黄　灯：对，写作无非就是这样。至于能不能改变，它背后涉及的因素太多、太复杂了。如果这么容易改变，社会岂不是会变来变去的？

朱郁文：太容易变也不好。

黄　灯：绝对不好，那估计没人敢写了。

走近"二本学生"

朱郁文：《大地上的亲人：一个农村儿媳眼中的乡村图景》反映的是农村问题，另一本书《我的二本学生》直观来看写的是教育问题，但是我觉得根本上涉及的其实还是城乡关系，因为您的学生绝大部分也是来自农村，只不过有的地方经济发达一点，有的地方落后一点，有的学生家境好一点，有的学生家境差一点。那就单个的个体或者家庭而言，您觉得知识或者说受教育的程度，对于改变他们的处境还是不是一个关键的因素？知识在改变个体和家庭命运当中到底占多大的一个比重？

黄　灯：如果是我和你这个年龄段的人，可以说比重很高。但是你去问他们这些年轻人，给出的答案是不一样的。只能说这成了所有人的一个前提，你如果连基本的高等教育都没有接受的话，在很多方面都是受限制的。而对我们来说，不是一个前提，而是一个绝对重要的进入社会的筹码。但是话说回来，到目前为止，教育依然还是对底层家庭孩子来说性价比最高的一件事情。

朱郁文：您写您的学生跟写老家村里的那些人，感受会不会不一样？或者说哪一个写起来更从容一点？

黄　灯：写作的状态还是会有点不一样。写《大地上的亲人：一个农村儿媳眼中的乡村图景》，就像写我自己一样，因为我就是其中的一部分。但是写学生我会有一种审视的眼光，更多的时候像一个旁观者，会更慎重一些，写的时候分析性的内容会更多一些。第一本书那种情感的、感性的东西会更多一些，它的结构也是自然生成的；写第二本书的时候，就觉得难了很多，不知道怎样建构它的逻辑关系。

朱郁文：如何走近您的学生，让他们愿意跟您交心？

黄　灯：我一般特别有耐心，有时候甚至可以跟别人交往几年。很多时候是他们毕业了才跟我深交的，因为身份不一样了，在学校的时候他们会比较拘谨，觉得老师是长辈，毕业了面对社会以后，回过头去看，突然发现老师是可以走近的人，所以他们反而会跟我说很多。其实我自始至终没有一个特别明晰、明确地去采访别人的过程，都是自然而然发生的。

朱郁文：也是靠平时的积累。

黄　灯：是的。因为到目前为止，我的写作对象主要来自我的生命经验，乡村里的那些亲人自不必说，那些学生其实也是我身边的人，跟我是有一些关系的。师生关系在中国的人伦关系里属于特别亲的一种，那种信任感是在社会上很多人际交往中不具备的。学生都很聪明的，你对他好，他也会对你好，你真诚，他也会对你真诚。所以师生关系不需要去额外地营造，你愿意走近他，他就更愿意走近你。

朱郁文：最重要的还是要真诚。

黄　灯：对，互相信任特别重要。我的事情我的学生都知道，我在他们面前也没有太多的隐瞒，他们问我，我都会无保留地告之，所以他们也告诉我很多事情。这本身就是一种交流，师生之间的交流，信任是相互的。

朱郁文：您在《破碎的图景：时代巨轮下的卑微叙事》一文中提到您中学时代读到萧红《呼兰河传》里的文字时的那种触动，您觉得现在学校的语文教育尤其是作文教育存在的最大问题是什么？在您教过的"二本"学生中，能够看出中小学语文教育留下的问题吗？

黄　灯：看得出来的，这个对我触动也特别大，我觉得现在的孩子的思考能力是欠缺的，至少跟我们那时候比较起来是欠缺的。另外，他们在学习态度上面特别地顺从，比如你给他们上课，他们会很快地拿起笔来，会画重点、记笔记，这都没有问题，但课后很少跟老师去讨论问题。我觉得真正的大学状态是会讨论很多问题的，甚至会跟老师争论，恰好这方面他们比较匮乏，所以我觉得他们独立思考能力在整个中学阶段其实是受到了很大遏制的，感觉特别明显。

朱郁文：这个我也有同感。我本科读的也是二本院校，那个时候我们还是期待跟老师交流的，原因倒不一定相同，有的可能是表现欲强一点，有的可能是想得到认同，但是不管什么原因，我们有思考，课上或者课后都愿意跟老师交流、互动，我觉得这个对精神成长是有很大作用的。

黄　灯：对，我们读大学的时候，不但会跟校内的老师交流，还会跟校外的老师交流，我们写信过去，探讨一些问题，我觉得这个很正常。

朱郁文：现在让老师感到无助的可能是这样一种情况，学生跟你处于一种不互动的状态，他不赞同你也不反对你，反正老师上课我听就行了，该做笔记就做，该划重点就划。

黄　灯：对，其实就有点类似一种服务关系，市场经济条件下的高等教育，如果你不跟他深交的话，他可能就会跟你维持这种关系。我是因为当班主任，加之学校实行导师制而带了学生，所以我跟学生课后的交往会有更多的机会。交往次数多了，学生肯定会跟你讲一些事情，这是自然的。

朱郁文：您曾说将"'二本'学生"带到公众视野是你写作的初衷，现在这个初衷算是基本实现了吧？还有没有进一步的期待？

黄　灯：实现了，完全实现了，我在写作之前凭直觉就知道这个话题特别重要，真的需要好好静下心来讨论一下，但没想到关注的人这么多，当然也有遗憾，我的写作完成度不够，我感觉自己仅仅只是提出了这个话题，还有好多深层的、更为本质的内容没有充分阐释出来，这固然和我的水平尤其是社会学方法论掌握不足有关，但也和非虚构写作对我的制约有关。我想尽量遵从非虚构写作的边界，但又想讨论问题，这中间有很多需要平衡的东西，做得不够好。我期待借由这个话题的发酵，在关注和改善"二本"学生状态这件事上能有一些切实的举措，诸如研究生招生的时候，名牌大学能否更宽容，多些耐心去接纳"二本"学生，用人单位也给"二本"学生更多一些机会。

质疑与"看见"

朱郁文：我知道《一个农村儿媳眼中的乡村图景》这篇文章火了之后，出现了很多不同的声音，甚至有对您的质疑，对吧？

黄 灯：要说质疑，我印象很深的，有一个教授的批评很尖刻。大概意思就是说我们这些从农村出来的博士已经获得了很多资源，现在又装模作样地去揭农村的伤疤，就是诸如此类的评论。他站在他的角度，我也能够理解。还有一种批评，说他们的乡村不是这样的，跟我写的不一样，我并不能够代表中国所有乡村的面目，觉得我的观点以偏概全。当然，我也没跟别人去争辩，因为任何一个人的写作都是受制于其经验，任何一种写作都是有限度的，但是你的文章只要产生了影响力，网友发言的时候就先验地觉得你代表了所有的乡村，这个本身也是偏颇的，所以这种我一般都不回应，因为读者质疑也是基于他自身的经验。乡村肯定有穷有富，像珠三角地区这边的有些乡村你看多富裕是吧？我们内地就是有这么穷的，像我哥哥嫂子家的情况真的就是这样的，到现在都没有太多改观。所以那些质疑我从来没回应过，因为是没法回应的。

朱郁文：争议或者误读的声音，除了刚才您说的有一些本身受过高等教育，还有一些本身就是您的写作对象，或者说跟他们比较近的一些人，最近我刚好在一个公众号上看到一篇，这个公众号在前一天转载了您写"二本"学生的文章，然后第二天就发了一篇回应文章，是一个学生写的所谓"致黄灯老师的公开信"，我不知道作者的身份是否真的是一个学生甚至就是您教过的学生，文章的题目是"您在靠您眼中的二本院校学生吃饭"，一看题目就知道其立场了。这个"学生"在文章中表达了对您的"不满"，说您是戴着"有色眼镜"看问题，是在"消费"二本院校学生，是在靠他们"吃饭"，等等，甚至还有更激烈的言辞。这篇文章让我联想到此前有一些写乡村的作家，他们写了乡村一些不好的东西或者说是"黑暗面"，但其实他们是为了，用鲁迅的话说，是"揭出病苦，引起疗救的注意"，但是反而是作家为其发声的那些人不理解作家，觉得作家是在贬低污蔑自己，您怎么看待这样一种声音？

黄　灯： 从我的学生尤其是我写过的学生的反馈来说，是没有这种观点的，但是我也确实在一些留言里看到，有些人看了《我的二本学生》这本书，会觉得比较悲观，就觉得孩子们没希望。但是，事实上你要知道，我所在的学校的就业率跟别的学校比起来算是好的，有些学生是可以找到很好的工作的。在跟学生接触交流的时候，其实我特别想跟那些家境出身好的学生多聊一下，恰好是这方面我得不到材料。这个涉及写作取材的问题，但也有其他的问题，那部分孩子对老师的戒心会比较重，他们不愿意你了解他的家庭情况。我大部分素材都是学生主动来找我跟我说的，因为我在学校还要做行政工作，接触的学生会多一些，有些是我教过的，有些是没教过的，所以我接收到的那方面的信息特别多，会形成一个整体印象，觉得好多孩子的处境是蛮艰难的。这个印象并不是我主观形成的，而是找我的学生太多了，我就会有这样一个整体的印象。我那本书的基调是基于我这个整体印象传达出来的基调，有些学生的家境好，读了一个"二本"院校但能够进入一个很好的单位，他们当然不认同这个结论，你说是吧？我们那个学校确实有很多家境非常好的学生，有的家里就有上市公司。这样的学生当然不会认同"二本"学生是这样的一个群体，他当然会觉得我在污名化他们。但是我去过很多学生的家，看到过家徒四壁的样子，看到他们中有的父母在特别艰辛地劳动，你还是会觉得，这个"二本"院校的孩子寄托着整个家族的希望，但事实上又无法承载这种希望的时候，你的观点就会改变。所以我一直说每一个写作都是有限度的，我看到我所能看的，我也写我能写的，我没办法穷尽所有"二本"学生的境况，也不存在对他们污名化，更不存在利用他们。一个事件出来之后，或者一个人、一篇文章引起关注之后，肯定会有不同的声音。这个可以理解，因为每个人的看法不一样，立场不一样。

朱郁文：其实这涉及一个关键问题，就是"看见"和"看不见"的区别。您曾说："在此以前，我也相信文学的边缘化更多来自时代喧嚣的冲击，那么在此以后，我更倾向于认为，这种边缘化其实和写作主体对时代和现实，对真实的生活过于疏离大有干系。说到底，如何重构写作和现实的关系，如何破除同质化经验和语境中的写作者与生活的隔膜状态，不但对别人，对我也是一个全新的挑战。"这段话提到一个写作上的核心命题，即写作主体与所处时代及现实的关系。您书中提到的问题那么真切地存在着，很多人也能认识、体会到，包括其他知识分子，但是真正将这些呈现出来的还是极少数，您如何看待"看见"与"看不见"（或者"装作看不见"）之间的区别，知识分子与底层生存应该是一种什么关系？

　黄　灯：你说的意思是知识分子和现实的关系。

　朱郁文：对。因为我发现有一个问题，现在的知识分子，很多不愿意承认自己的知识分子身份，在大众层面，对"知识分子"这个概念也有污名化的倾向，很多知识分子在写作或者做研究，但不太涉及现实的一些内容。很多知识分子，学问做得很好，但从来不对公共事件发声，从来不说跟现实问题、现实事件有关的话，您怎么看待这个问题？

　黄　灯：这肯定是不正常的，当然这个话题不太好聊，只能说这个现象虽然可以理解，但是不正常。

　朱郁文：单纯地从作家这个层面来讲，我觉得作为一个作家其实有很多方式介入现实，不一定说我非要发表一些很激烈的言辞，或者怎么样，但是现在的状况是整体主动回避。

　黄　灯：作家跟现实之间的关系，其实倒不是说作家非得跟社会底层产生关系才是一个好作家。为什么我的作品里更多地写到底层呢？因为这是我生活的一部分，我来自这样的地方，我丈夫家的情况是这样的，我接触到的很多学生的家境也是这样的。我身边就有这么庞大的一个群体在那里，所以我"看到"他们是一件很自然的事情。但是也不能够排除有些作家没有机会接触到这些东西，那他可以写他的现实生活，不是写底层就天然地具有道义感。你如果熟悉企业家，你就写企业家，没什么不好；你如果熟悉艺术家，你就写艺术家，也没有关系。我觉得这个没有高下之分，我从来不觉得写底层的人就更怎么样。

　朱郁文：对，不一定非要写底层的人，但是一个作家还是要正视现实。

黄　灯：对，作家得有现实感，不能所有的作品全部都是在书房里虚构出来的，或者借二手材料写出来的，这个我就不赞赏。

写作伦理与知识分子身份

朱郁文：我注意到一个现象，这些返乡书写的作者，除了您，还有王磊光、梁鸿，都受过高等教育，都是博士，专业也很接近（现当代文学专业），而且刚好分别在北京、上海、广州三个一线城市，这是一种巧合吗？

黄　灯：算是巧合，但我觉得也有必然性。因为我们三个的写作，有一个共同的东西，都是对中国城市化、现代化的一种扫描和思考，背后有一个共同的背景。再加上我们的成长经历都差不多，都有底层经验，都到大城市接受了很好的教育，也算是抓住了时代的红利。有生活经验，再加上有理论背景，会更好地促使我们去思考，所以我觉得这也是一种必然。其实，同时间段有很多人类学家、社会学家也在关注这些问题，只是传播没那么广，这也说明了文学的魅力，更形象化的东西适合在大众传播。

朱郁文：我看到您关于乡村的文章，其实在十几年前就已经开始发表，比如 2006 年发在《天涯》上的《故乡：现代化进程中的村落命运》，最早是什么原因促使您写这类文章的？是有一个深思熟虑的计划还是一种本能的有感而发？

黄　灯：在 2015 年之前，我主要是写学术论文，这样的文章都是我在写论文之外观察到了很多现象，实在是有话要说了才写的，因为写这些文章进入不了考核，对我评职称也没有用，纯粹属于个人的兴趣爱好，也没有太多的规划。到目前为止，我都没有把我在《天涯》写的那些随笔结集出版，《大地上的亲人：一个农村儿媳眼中的乡村图景》里的文章基本上都是相对晚近写的。只是有些调研做得比较早，因为我博士毕业后的第一年，确实是有计划写一本书的，题目我都取好了，叫"我的亲人在广州"，那时候跟家里人交往很多，每一个人的情况我都熟悉，就想把他们在广州打工的情况写出来，但是随着我结婚生子，这事儿就耽搁下来了。只是有些访谈当时已经做了，这本书里面大概有三分之一的访谈内容是 2005、2006 年前后做的。

朱郁文：那您在整个采访的过程中，包括后面处理这些采访的素材、写作的过程中，有没有遇到什么困难？

黄　灯：有。第一本书《大地上的亲人：一个农村儿媳眼中的乡村图景》还好一点，《我的二本学生》就遇到一些问题，其实我掌握的材料要远远多于你们看到的，起码是十倍以上，你想，我教了十几年书，接触了上千个学生，跟我来往很密切的学生也有上百个，而且我本身又特别喜欢积累，比如说学生平时发给我的短信、微信、邮件，包括作文、试卷等，常年这样积累，有很多一手的材料，但是我写学生的时候反而会特别小心谨慎。

朱郁文：小心谨慎主要是出于什么考虑？

黄　灯：我意识到作为一个非虚构写作者，是应该受到写作伦理的限制的。写《大地上的亲人：一个农村儿媳眼中的乡村图景》这种限制反而少一些，因为我就是我笔下的一员，很多时候我在写他们的同时是要写到我自己的。但是写学生则不一样，学生对我来说毕竟是一个外在的对象，所以我在选材的时候是蛮小心的。一个学生很信任你，他会跟你讲很多事情，有些事情我觉得如果毫无保留地写出来可能不太合适，倒不是说学生会怎么样，主要是我在意。我会再处理，就像做衣服一样，你手头有很多布料，有的布料你会用，有的布料则会舍弃。

朱郁文：现在来看，经过了一系列的事件，包括经历了一段时间的舆论沉淀之后，您觉得返乡书写最大的意义是什么？

黄　灯：其实要我自己来说意义的话是不太好说的，因为我身在其中。但是从一个研究者的角度，或者说一个常年待在学院里教书人的角度，我觉得它是学院知识分子跟现实接触的一个很重要的方式，而且是有效的。因为在此以前我会觉得自己过的生活特别空虚，触及不到现实问题，但是后来进入以后发现其实这种写作是很落地的，是有用的，会有这种感觉。

朱郁文：现在再去看之前那些质疑的声音，像那个教授的看法，可能也说明他其实没有以一种这样的方式跟那些普通人，或者说跟这样一种现实，进行深度接触，他可能也有他的盲点，也有他的偏见。

黄　灯：对，我当时就是这种感觉。我觉得有些人置身于象牙塔里太久了，接触不到真实的现实了，所以才会不理解。实际上，只要我们走出来，去到任何一个城乡接合部，就能看到这样的现实。

朱郁文：正因为这样，他反而会觉得您是以一种知识分子的姿态去看待乡村底层的人，觉得您高高在上。

黄　灯：是，这个很微妙，他会觉得他很有道理，我相信他也是发自内心的。所以我看见他们的那些讨论后我也会反省，到底有没有他们说的那种东西在作品里，等于会从一个侧面提醒我，是不是存在一种无形的、我自己没有觉察到的那种优越感。

朱郁文：所以有这种声音也不是坏事。

黄　灯：对，我觉得挺好。因为你的东西出来就是公共产品，每个人都可以讨论。

朱郁文：您曾说，《一个农村儿媳眼中的乡村图景》这篇文章，表面上是以农村儿媳的身份将自己家庭的情况呈现出来，但实际上真正支撑写作的是隐秘的知识分子身份。这个怎么理解？

黄　灯：不同的人看到的内容不一样。这篇文章传播开后，就有很多和我同样身份的，就是嫁给农村读书人的女性给我打电话，她们看到的更多是家庭故事。我在写作过程中问题意识是很明显的，比如说教育问题、贫困的代际传递、生态环境问题等，这是典型的读书人的思考方式。我是把这些思考糅合进我的家族故事里的，这是非常明显的一条线索，包括文章的几个标题，通过这个把这种思考稍微隐藏起来，不要太知识分子化。

朱郁文：刚才说，返乡书写的几个代表性作家有一个共同的身份（高级知识分子），这刚好反证了这个问题，正是这个身份才能够让你们去思考前后经历的这些问题。

黄　灯：正是因为对这些问题有思考，才会促使我们写出这样的文章，而不是因为我们写出了这样的文章，才去思考这些问题。

朱郁文：正是有了这样的受教育过程，成为知识分子之后，才促使你们去思考的。

黄　灯：对，学术训练很重要。其实说实话，那些乡村故事其实一点儿都不稀奇，每个家庭都有。

朱郁文：是，很多人其实都有这样的经历和感受，但是很少人把它写出来，当然有各种原因。但很重要的一点是很多人缺乏一种知识分子的视角，没有思考并将这种思考转化为文字的能力。

黄　灯：最有代表性的应该是《我的二本学生》这本书，全国"二本"学校的老师是非常多的，我所写的素材是任何一所普通"二本"院校里的老师都会经历的日常，没有一件戏剧化的事情，是吧？那为什么表达出来以后大家会讨论呢？说到底，我觉得还是问题意识。

朱郁文：您把很多人想说的说了出来。我在读您这两本书的时候，有一个明显的感受，您一直在进行自我审视，或者说叫反思。您也说了，这种写作本身是自己对个体经验进行的一种清理。该怎么理解"对个人经验进行的一种清理"这句话，它对一个知识分子意味着什么？

黄　灯：以我自己的经历为例，假设我不对个人经验进行清理的话，那我表达的意愿来自哪里呢？就来自理论，是吧？你也是读现当代文学专业的，我们的理论背景差不多，其实我们所掌握的那套话语无非就是现代性、后现代、叙事学、国家、种族、性别，它们都来自西方的话语体系。而且我们读博士那时候觉得如果不懂这套话语体系的话，是没办法发言的，对吧？但是如果我只是局限于这一套话语体系的话，我的表达其实是隔了一层的。你必须去正视另一个问题，就是能不能把你的生活经验激活，让它也变成一种学术资源。如果要激活你的生活经验，就意味着必须对自己进行"整理"，是不是？要对自己进行"整理"的话，那就有一个真实性问题，就是敢不敢直面自己。敢不敢把你最真实的一面、最真相的东西剖析出来。如果连这个都做不到的话，那你的表达还是矫饰的，跟那种来自概念的东西其实没有多大差别。所以，我说一个人真的要写作的话，得彻底地回到最内心的层面，跟自己不断地对话，哪怕是很无情的，哪怕是要把自己最隐私、最丑陋、最不堪的一面揭露出来，你也得面对。如果到不了这个层面，那还是隔靴搔痒，没有用的。我说的主要是这个含义。一旦面对真实的自己，其实我们内心会更坚定一些，不会再躲躲闪闪。比如，我以前总觉得我的第一学历太差，大专嘛，很害怕别人问我是哪个学校毕业的。你想，武汉大学的硕士生大部分要不是武汉大学本科上来的，要不就是别的很好的本科院校考进来的，像我这种又是大专又是下岗工人考上来的，在那种环境里面会觉得自己"出身"不好、土气、很失败。但等我想明白了以后，发现这不是我的问题，而是价值导向的问题。意识到这个层面后，我的心态自然不一样了。你会回过头来问为什么会产生这样的价值导向，其实无非就是特别功利的东西在作怪，现实社会不就这样吗？重点大学看不起普通本科，普通本科看不上专科，然后专科又看不上中职，就是一条"鄙视链"下来。怎么可以这样呢？但是现实就是这样啊。所以我所说的直面自我，就是得面对一些真相的东西，你去好好地问自己，能不能真实地面对它。如果你愿意真实地面对，那你就可以写作了。如果你不愿意，那就没法写了。

朱郁文：无论是从您跟别人交流，还是在您的文章中，都能看出您并不讳言您的知识分子身份，但您也说了写作的同时对这个知识分子身份始终是保持警惕的，为什么要时刻保持一种警惕？

黄　灯："知识分子"这个词本身并不怪异，从前一个初中生都说自己是知青，知识青年嘛，那不就是认定自己为知识分子吗？现在为什么一个博士生、一个大学教授，都不敢承认自己是知识分子，而更愿意承认自己是专家呢？为什么这么多人都逃避这样的一个自我指认呢？我觉得这背后是有问题的，它里面有很多虚无主义的东西，或者说不愿意担当的一些东西在起作用。当然，这个跟整个社会背景的变化有关。我觉得，如果过多地逃避知识分子这个身份指称，没有这个东西的约束，是会让很多人的内心失去禁忌的。我觉得我内心始终还是有一些禁忌，我知道自己不是一个超凡脱俗的人，也会干很多世俗的事情，也会在乎一些现实的利益，但是我始终清楚地知道，有些事情能做，有些事情是不能做的。有些事情做了你要知道羞耻，不是做了还扬扬得意，我觉得警惕心其实是来自那个层面。人在现实中、在体制内可能都有迫不得已的时候，但是也都有自我选择的一面。想得到一些东西，那你就得舍弃别的东西，内心应该有一杆秤。因为一个人不可能完全跟现实脱离，但是人也可以做到不完全向现实妥协，我觉得这中间的度也不是那么难把握，因为现在的人活得再怎么艰难，还是有选择的余地的。

朱郁文：我理解这个"警惕"还有一层意思，就是在您写作时，警惕自己不要完全或者一直用一种知识分子的视角，或者站在知识分子的立场去看那些乡村里的人，这也是很重要的。

黄　灯：对对对，是的。如果我不是一个博士，不是一个大学的老师，我怎么写都没关系；但是具有了这样的一个身份，怎么写别人都会觉得你是有优越感的，你是高高在上的。

朱郁文：这就有一种悖论在里边，没有这个身份，写不出来这样的文章，有了这样的身份，又容易引起质疑。

黄　灯：是的。其实对我来说这个倒没关系，但是你得问自己，你是不是有这种优越感。如果真的没有，那别人怎么说都没有关系。

朱郁文：您在书中说："过上期待的学院生活以后，内心的困惑并没有减少半分，不接地气的虚空感特别强烈，好像每天就在文字中觅食，学术的要义仅仅是为了换得生存条件的改善，感觉自己在经历一种飘在空中的生活。我总是忍不住问自己，到底什么样的生活，才让人内心觉得安稳？"在经历了一系列的非虚构写作之后，您现在的精神状态跟之前相比，有没有一种变化？包括您所说的内心虚空感，有没有得到缓解？

黄　灯：变化倒不是太大，但是会更踏实一些。虚空感确实减少了很多，因为现在我知道我能做到什么样子，有些事情你知道你是做不到的，就不会对自己有过高的期待。此外，我会觉得日常生活里一些细微琐事都是很有意义的，我更加坚信这一点。比如说在学校，我觉得把每一堂课上好，好好对待身边的每一个学生，这本身就很有意义。我不在名牌大学教书，可能外在的荣耀感会少很多，但是面对的课堂是一样的，面对的群体其实是差不多的。有了这个意识，那种踏实做事的观念会更强一些。

"真相"与非虚构写作

朱郁文：回到非虚构写作这个层面，这些年非虚构写作很热，是什么原因促使非虚构写作的流行？

黄　灯：首先是媒体语境的改变，就像我说的如果没有微信这样的媒介，那它就缺乏一个传播的契机；还有一个就是传统媒体的衰落，传统纸媒深度报道记者的流失，但是人们对于那种真实的深度的故事依旧有需求。现在这种需求就通过新媒体，很大一部分已经转到非虚构写作去了。不知道你有没有留意，像网易的"人间"，澎湃的"镜相"，还有"真实故事计划"，这些都已经是做得非常好的非虚构写作平台了。

朱郁文：非虚构写作，如果只选一个最核心的要素，您觉得是什么？

黄　灯：那肯定是"真相"。虽说没有绝对的真相，但是作家要尽可能接近真相。一个非虚构作品很难保证百分之百的真实，包括我自己的作品，比如说有些人名我做了处理，我的书里很多人物用的是化名，只要稍微涉及个人隐私，我都会用化名，那些写得深度一点的是化名，你要严格地说真实，这个就不真实，是吧？

朱郁文：如果只是涉及的人、地方是真实的，不用化名，也不见得一定会成为非虚构写作，还是要看写的具体内容。

黄　灯：对，所以内容必须真实。你写了某个人身上的某件事，那你就得有材料依托，不能随便编，包括人物说的话，你也不能代其发言。我的书里，如果是引号引起来的，一定是当事人说的话，我是可以找到录音的。如果这句话不是他直接说出来的，那我就用转述的方式写。就像你采访我，可能你也知道我对一些问题的看法，但你一定要听我亲口证实，这个是必须有的。所以它还是存在一个田野调查的过程。

朱郁文：您觉得目前非虚构写作的生态怎么样？有没有一些误区？我觉得很多人对于非虚构写作这个概念还是存在着一些疑惑。

黄　灯：是，非虚构写作很容易跟别的混淆，或者说它的边界感不是很清晰。你说它是深度调查，它和报告文学之间的差距到底在哪里？有时候是说不清楚的。但是我作为一个写作者明白，我根据自己的标准能够判断哪个是纯粹一点的非虚构写作，但是你要我把这个概念说得很清楚，这个又很难。

朱郁文：我也看过一些对非虚构写作的界定，包括学界观点也不完全一致。

黄　灯：争议很多的。

朱郁文：我留意到一个现象，不知道是不是很普遍。可能正因为这些年非虚构写作很流行，有些作家好像是有意地往这方面靠，通过这个来获得写作上的成绩。这个时候，会不会让一些作家产生一种投机心理呢？比如原本这个东西，我是作为小说来写的，确实也是虚构的东西，但是如果我打着非虚构写作的名义，可能就容易得到一种肯定；反过来，有些我是非虚构的，但是我以小说的名义来发表反而更容易得到认可。

黄　灯：这个我可以给你举两个例子，比如《一个农村儿媳眼中的乡村图景》那篇文章出来以后，中央电视台的新闻调查栏目拍了个专题片——《家在丰三村》，为什么会拍这个片子呢？因为在同时期出现了好几篇这样的文章，比如说引发"江西年夜饭事件"的那个帖子，我不知道你记不记得？就是说一个上海的女孩子跟着江西男友回老家过年，因为饭不好吃就把桌子掀了，然后就回了上海，文章在网上引起了很大的争议；还有一个打着"返乡日记"旗号写的《春节纪事：一个病情加重的东北村庄》，文章提到东北一个村子近年来发生的很多不堪的事情，像虐待老人、相互攀比、赌博什么的。这两篇文章跟我的《一个农村儿媳眼中的乡村图景》差不多是同一时间段出现在自媒体上的，都引起了极大的反响，但是后来经过媒体调查，发现这两篇文章中提到的都是假新闻。当年央视记者跟我联系，我知道他们特别想问我一句话："你写的到底是真的还是假的？"后来我不是接受了他们的拍摄计划，同意带他们到我们家去看嘛。看完了以后，有个记者就说了一句话，他说："其实你们乡村存在的困境是远远超过你所写的。"言外之意，我写的还是有所保留的，这就证明我写的是完全来自现实的。你想，他们去了一个团队，前后拍了一个星期，基本上把我家里的所有事情调查得一清二楚，如果是虚构的，怎么经得起这种特别专业严谨的审视？所以，别人怎么想我不知道，反正我自己觉得如果是非虚构写作的话，你要对自己有要求。因为非虚构写作跟小说不一样，它对写作伦理的要求特别高。

朱郁文：对，我就想提这个，写作伦理。我觉得任何一种写作它都有一个伦理在，但是非虚构写作尤其重要，有点儿像良心活。

黄　灯：对对对，是这样的。它里面有很多社会学的方法，可能不会像社会学做得那么冷静，比如社会学可能会把人名用符号编出来，我们不会编符号，我们会给他想一个人名，然后会处理得稍微文学化一点，但事实上你在整个文本的处理过程中，要借鉴很多社会学和人类学的方法，所以它是相对客观的一个东西。至少我自己做的过程中感受特别明显。

朱郁文：在《对五个日常词汇的解读》一文中，您提到您以前写过一篇叫《细节》的长篇小说，应该是在 2003 年，我好奇这篇小说最终有没有完成？包括这些年您有没有写一些虚构的作品？

黄　灯：《细节》当时就写完了，2003 年七八月的时候，现在回过头去看，那个其实还是非虚构写作的东西，只是说它的散文色彩特别浓。如果换一个笔法去写的话，完全可以变成一个非虚构作品，只是说它没有一个相对集中的主题。我发表在《天涯》的几篇文章，像《今夜我回到了工厂》《对五个日常词汇的解读》，全部来自《细节》那本书，就是它的一部分，包括《大地上的亲人：一个农村儿媳眼中的乡村图景》中有一部分内容也是来自那本书。它完全就是一个写实的东西，但当时还没有"非虚构写作"这个概念，是一种蒙昧状态的自发写作。那本书写得很快，因为是完全来自我个人生命经验的东西，二十多天就写完了，每天写一万多字。当时毕竟年轻，所以抒情的东西会多一些，当然也会有一点矫情，但都是有事实根据的。

朱郁文：那您是否想过写一个真正的像小说的那种虚构类

作品？

黄　灯：还没想过，至少暂时不会写，至于以后，谁也说不清楚，是吧？因为我个人的性格还是倾向于先把一个东西做得透彻，人的精力有限嘛。

朱郁文：您曾说，70后这一代是没有宏大主题的一代，您觉得这对一个作家来说，是好事还是坏事？

黄　灯：其实也无所谓好事与坏事，我说的没有宏大主题，主要是说我们70后这一批人基本上是在一种个人价值观念起来的背景下长大的，不像60后、50后那一批，有一个巨大的国家叙事在前面，跟宏大叙事有很多同构的东西，但是到我们这一批人懂事的时候，这个已经瓦解掉了。1993年前后，我们那一代人不到二十岁，那个时候市场经济发展起来。我们所接触的那种具体的社会结构跟后来的80后、90后是差不多的，只是说集体主义的红利，我们有一部分人也享受到了，就像我当年大学毕业包分配。

朱郁文：那您觉得70后作家具有有别于其他年代作家的特殊性吗？是否赞成以代际来划分作家？

黄　灯：虽然说用代际划分会导致一刀切，比较粗糙，但我觉得用在近二三十年来，这个分法是很有道理的。这其实是时代造成的，因为我们的社会变化是以这种巨变的形式在发生，它不是相对恒定的。你说80后、90后和我们70后没有差距吗？差距太明显了。那我们70后和60后没有差别吗？差别也很明显。是吧？这种代际划分是可以反映一些问题的。

朱郁文：但是随着时代的发展，文化多元化，包括个人价值观的多元化，往后这种代际划分会不会成为问题？比如说 80 后或者 90 后，他们写出来的东西可能完全是两个世界的东西，比如什么玄幻、穿越、神魔，当然也有写得很现实的，很都市的（像《小时代》那种），是吧？如果再以代际来划分，可能就会产生问题。

黄　灯：是的。现在很多年轻人写的作品，就像你说的，玄幻、穿越什么的，我们看起来会觉得有隔膜感，我是不太喜欢那些类型作品，当然我也有自己的偏见在里面。

朱郁文：杨胜刚在评论您的文章时，就是发表在《作品》上的那一篇，说您和张伯礼、谢军等人一起入选《环球人物》2020 年度面孔，意味着您"并没有被置于一个纯粹作家的层面被审视"。就您个人的感受而言，您更愿意以什么身份被关注？是否介意能否作为一个"纯粹作家"被认可？

黄　灯：其实，对写作者这个身份我是不太介意的。因为我跟你一样，本来的使命是做研究，专门写论文，对当一个作家的渴望没有那么强烈。杨胜刚在写这篇文章之前，他跟我沟通过，我是不想他提这件事情的，因为他的身份比较特别，我觉得由他来提不太好。但是他觉得这些对研究者来说很重要，是理解一个作家的外围材料，我说"你既然这么说那就随便你了"。他就说，去年的"环球人物盛典"，全国有 10 个人参加了，10 个人之中，像张伯礼、谢军、陶勇，还有新冠肺炎疫情抗击中涌现出来的女护士柳雯悦，都是做科学技术研究或者引起全国人民关注的人物，文艺领域的就我和路阳，路阳是导演，真正写作的其实就我一个人。所以，我觉得这个时候他们把我选进去，并不是说我写得特别好，而是把我作为发出了一种声音并引起了公众关注的这样的一个写作者。比如"二本学生"这个概念，确实是因为我写了《我的二本学生》引起了媒体的反响，才进入公众视域的。很多媒体采访我的时候，都很真诚地跟我说，以前眼里只有清华、北大以及其他重点大学的孩子，从来没有意识到有这么庞大的一个群体是需要关注的，但是看了我的书以后，他们好像突然意识到，这个青年群体其实是最广大也是最具有代表性的。80% ~ 90%的孩子都是上不了重点大学的，对不对？但他们又是国家的主体，所以这一部分孩子的成长和他们的未来其实是非常关键的。我觉得我参加那个活动，最主要的原因是我把这样的一个概念、这样的一个群体带入了公众视野，引起了大家的关注。也正因如此，我也会自我反省：你并不是作为一个写作者而是作为一个话题的引起者得到认可的，因为《环球人物》也是一个媒体，它不会在乎你写得怎么样，在乎的是你发出的是怎样的声音，所以话题性超过了你作品本身，这其实是我特别警惕的一点。我会问自己：你到底是写得好还是不好，还是说只是因为话题重要不重要？

朱郁文：就是说，您并不在意是不是被当作一个作家来被看重，关键是自己写的东西质量怎么样？

黄　灯：我会在意我到底是因为表达得精准，或者说有文学的魅力而被关注，还是因为所涉的话题，不管你用多么粗糙的方式写都能够引起关注，我其实挺在乎这个问题的。

朱郁文：对表达的能力和水平还是有要求的。

黄　灯：对，是有要求的，因为我内心不是特别有底，毕竟我不是一个特别成熟的写作者，虽然写作的时间比较长，但是以前主要是写学术论文，这是两个完全不同层面的写作。

朱郁文：可否谈谈在写作上对自己有影响的作家作品？

黄　灯：我说一下韩少功吧。我承认我的写作受到了韩少功很多滋养和启发。这中间的契机是韩少功在 2000 年以后，每年有半年时间回到知青下放地汨罗八景，那儿离我老家很近，我几乎每年都有机会见到他，会和他聊很多，这种机会可遇不可求，让我倍感珍惜。加上我读硕士以后，一直在研究他，写了不少关于他的研究论文，非常熟悉他的作品，对他笔下的世界也更为熟悉。我喜欢他作品中的理性、思辨力和极为阔大的关怀与视野。

南方印象与南方影响

朱郁文：您在文章里也说，在广东生活多年，它给您提供了一个观照内陆乡村的视角，这个视角具体指什么？多年的南方生活，对您写作上的影响是什么？

黄　灯：我觉得比较难说清楚有什么具体的影响，但是我有一个明显的感觉，就是离开家乡到了南方，让我找到了一个机会，激活了我以前的生活经验，这是一方面；另一方面，到了一个跟你出生地完全不一样的地方，它会给你提供一些新的资源。也就是说，它一方面激活了我原有的东西，另一方面又给了我新的资源。那种音域、地域的变化所带来的自我视角的调整，是最明显的。我以前意识不到我是一个湖南人，是到了广东以后才真正明白我是一个湖南人。

朱郁文：您说的这个我也有体会，我来佛山这几年也走了很多乡村，走完之后发现这边的乡村跟我们老家那边差别还是很大的。有个对照之后，会有更多的想法，会有更多的思考。

黄　灯：对，是的。这种感觉特别好，就是你所有的经验都流动起来了，互相呼应，互相看见，再加上我这么多年来一直在思考很多问题，如果你内心关注的问题一直没有转移的话，外在的刺激碰撞越多，你对关注的问题就会了解得越全面、越深刻，这个给我的感觉还是蛮明显的。

朱郁文：包括在广州读书的时间，您在广州差不多有 20 年了吧？

黄　灯：19 年，我是 2002 年在中山大学读的博士。

朱郁文：明年就 20 年了。在这近 20 年里对广州整体的印象怎么样？

黄　灯：我还是很喜欢这里的，不单是广州，包括整个广东，我觉得它的文化对我的影响非常大，也很认同这边人的一些性格，一些做事的风格，我都觉得特别好。

朱郁文：您写的老家那些人，很多也是来南方打过工的，您的学生当中有一些本身就是广东的学生，有一些是内陆其他省份的学生。那些来过南方跟没来过南方的，您的学生当中南方的和北方的，在思想观念上有没有明显的差异？

黄　灯：有的。《大地上的亲人：一个农村儿媳眼中的乡村图景》里面写了很多我的亲人，特别是比较年轻的群体，比如说我的堂弟、外甥他们，尽管我呈现了很多他们在南方打工的艰难经历，但客观上我们要承认，他们这样的经历让他们得到了很多锻炼，也让他们成长了。事实上，他们那一批没有过来的真的很少，具备劳动能力没有来南方打工的年轻人，我觉得在我们村和我的亲人里几乎不存在，所以就不存在来了和没有来之间的对比关系。现在我有时候特别想把他们后面的故事交代清楚，因为他们后续又有了一些变化，比如说我在书里面提到的那个"妹妹"（小名），就是我的堂弟嘛，在这边打工十几年他也没存下什么钱，过得也比较艰难，后来回去结婚，在家族的帮助下，获得了启动资金，做厨具安装，慢慢地发展得比较好了，这个跟他在南方打工的经历是有关系的。所以，我觉得他在南方打工虽然没赚到什么钱，但是锻炼了各方面的能力，这种影响是潜在的，需要放到一个较长的时间内才能看到它所带来的变化。

朱郁文：我觉得这些来过南方的人还有一点不同，他们的思想层面肯定会受影响，然后他们受影响之后，除了他们自身的变化，也会在无形中传给他们的下一代，也就间接影响了下一代。

黄　灯：对，你的这个观察很敏锐。还是以我那个堂弟为例，他的很多意识和城里的年轻人是没有差别的，但这个有利有弊，比如说消费主义的东西，在我们看来是弊端，他乱花钱，他大手大脚，他喜欢更新设备，我们觉得赚钱那么不容易你还做这些，但是他习惯了这种模式，所以他在养育孩子方面就不会斤斤计较，就像城里的家长一样有多大能力就全部投在孩子身上，所以确实对下一代是会有影响的，我能感受到他的孩子在各方面发展也比较好。

朱郁文：就是说物质上他们也不见得一定会有多大的改观，但思想观念上已经不一样了。

黄　灯：对，蛮明显的。

朱郁文：那您的那些学生，来自南方的和北方的有什么不一样？

黄　灯：广东的孩子给我的感觉特别务实，有些人可能觉得过于务实也不好，但是我觉得务实是一种特别宝贵的品质，尤其是在当下的这种大环境。我特别感动的一点是，我接触过很多，比如说北京的朋友，他们的孩子其实也接受了很好的教育，毕业以后找不到满意的工作可能就待在家里，不愿意去做一些看起来比较低端的活儿。但是我接触到的很多广东籍学生，他们的家境可能很好，但是他们仍愿意去做一些如发传单之类的活儿，我觉得挺好的。

朱郁文：北方人可能还是比较要"面子"，抹不开。我刚来佛山时也看到一些现象，比如周末的时候会有很多人开着车去岭南明珠体育馆摆摊儿，他们的后备箱里装着很多东西准备在那里卖，而且很多是家长直接让小孩子去卖。那些家庭看起来应该是不缺钱的，家长是有意从小就培养孩子的能力，这个明显跟我们北方不同，北方人多少有些羞于做这样的事，觉得丢脸。这说明南北方对商业的认知是不一样的。

黄　灯：对。我自己感觉也很明显，我以前在湖南、湖北读书的时候，你要是多提钱的事就会让人感觉难以接受，尤其是去赚钱，特别是学生赚老师的钱更是无法想象。但是我来广东教书以后，我的学生是会来赚我的钱的，他们做生意会首先从我开始。比如说把东西卖给老师，而且特别自然，所以我当时特别感慨，他们发自内心认同这个商业的原则，我觉得这一点挺好。

朱郁文：我们受传统观念的影响还是比较深，重农轻商嘛。

黄　灯：所以我刚刚特别提到，为什么对广东那么认同，就是刚刚来广东你可能会觉得这儿的人怎么都冷冷的，不会哥哥姐姐叫得那么欢，不会到处去串门，然后也不会轻易跟你承诺。"我保证，哥，保证帮你把这个事情办好，你放心……"这种话他们是不会说的，但是你跟他们交往久了就会觉得这种人际关系很简单，很轻松，人与人之间的界限感也很明晰。

朱郁文：那您觉得广州的特点能代表整个广东或者说至少能代表整个珠三角地区吗？

黄　灯：应该说，广州它能代表传统的粤文化。我觉得深圳跟广州是两个完全不同的城市，在我的心里，是有两个"南方"的，一个是传统的南方，以广州为代表，还有一个就是精神意义上的南方，以深圳为代表，很野性的、蓬勃的、很有创新力的那种。因为深圳其实是一个年轻人的城市，它的气质不一样，而广州给人的感觉是很成熟了，积淀也很深厚。

朱郁文：广州，我觉得还是更多元一点，它有很传统的一面，但又有一些很现代的东西。

黄　灯：对，广州它是非常多元的，因为它的历史感、纵深感更强一点，它的价值观也会更多元。深圳，我觉得是一个价值观稍显单一的城市，经济的维度特别发达，不过这个也跟它很年轻有关，毕竟发展才四十多年嘛，也可以理解。

朱郁文：感觉去深圳你要不停地去进取，去奋斗，是吧。但是，在广州你可能也可以过相对慢一点、安适一点的生活。

黄　灯：对，两个城市的气质会不一样，其实各有利弊，没有高下之分。

朱郁文：但是，务实可能是整个广东一个比较突出的特点。

黄　灯：对，像广州、深圳，包括佛山、东莞，都是比较务实的，其实还是共享了一个文化空间的，整个广东地区或者说珠三角地区，包括香港、澳门，其实在大的文化层面它们是有共享的东西的，所以放至全国的文化版图上，我觉得广东确实有一些很独特的东西。

朱郁文：但是好像谈起文化，广东在全国好像不是很叫得响的感觉，甚至时不时会听到"文化沙漠"之说。

黄　灯：这里面其实涉及文化权力的问题，包括话语权。另外，也有文化转移的问题。像 20 世纪 90 年代我读大学，我是1992 年上的大学，那个时候对中国的想象，对现代化的想象，就是对广州的想象，你不会想着到北京去，也不会想着到上海去，我们这个年龄段的人是最喜欢往广州跑的，因为它跟青春记忆是联系在一起的。那时我们有一门课就叫粤语课，把粤语学好能给你以后在社会上立足加分。所以，还真不能说广东的文化叫不响，只是说近一二十年以来，它转了，它的这个重心转了。

朱郁文：可能还有一点，因为广东的商业比较发达，经济实力比较强，无形中掩盖了文化层面的东西。大家更看重它商业的东西，尤其是北方的、内陆的城市，但很多东西深究起来也有文化的成分，因为经济跟消费密切相关，而消费本身也是一种文化。还有您刚说的粤语，它作为一种语言，本身就是文化的一个层面嘛。包括之前流行歌曲对内地的影响，这些其实都可归为文化。

黄　灯：嗯。20世纪90年代时大众文化很发达，广东恰好引领了大众文化，北京、上海更倾向于精英文化，但是事实上，中国现代化进程我觉得最有生命力的，和老百姓更接近的，反而是大众文化，它的渗透性更强一些。

朱郁文：这个涉及对"文化"的认知问题。当我们说广东文化不行的时候，可能更多的是把文化定义为很传统的东西，比如说历史是否悠久，古代的遗址遗迹、文物够不够多，可能是从这些层面来讲的，比较少考虑到您说的大众文化，那种代表比较新的流行的东西。

黄　灯：广东的文化在历史上一直是比较边缘的，这个也要承认，中原文化为正统，这中间文化权力无形中起着决定性的作用。

（原载于《粤海风》2021年第6期，有删节）

　　谢湘南：诗人，1974 年生于湖南耒阳，现居深圳。曾做过建筑工、搬运工、保安、推销员、编辑、记者等。1997 年，参加诗刊社第 14 届"青春诗会"。2000 年，诗集《零点的搬运工》入选 21 世纪文学之星丛书。曾获第七届广东省鲁迅文学奖。诗作入选近百种当代诗歌选本。

谢湘南：在深圳写诗

朱郁文 × 谢湘南

带着作家梦南下打工

朱郁文：还是先聊一下您的文学经历吧，1993 年出来打工的这一年您就开始写诗了，这应该跟绝大多数打工者不一样，因为出来打工都是在忙着谋生、挣钱，哪里还顾得上这种"虚头巴脑"的东西，您写诗的想法是南下打工之前就有了还是经历了打工生活之后产生的？写作是需要一定积淀的，在此之前您的文学积累主要来自哪里？

谢湘南：写诗的想法在上学时就有了，读初中时我就喜欢上了文学。因为个性孤僻，喜欢独自阅读，曾用零花钱买了一本《红楼梦》，自己偷偷地看。那时候我也订了一些文学类的杂志，如《中学生阅读》《名作欣赏》《诗刊》《人民文学》等。称得上文学积累的也主要来自阅读。那时看过的书现在仍记忆犹新，比如我从语文老师那里借来的《鲁迅作品选》，那时校园里流行三毛、席慕蓉的书，当然我也看了。通过邮购的方式，自己也买过

《普希金诗选》《顾城的诗》以及彭燕郊先生主编的《现代世界诗坛》等书。《现代世界诗坛》给我带来阅读的冲击，打开了我的视界，印象很深。书里收录有伊夫·博纳富瓦、约瑟夫·布罗茨基、艾伦·金斯伯格、保尔·艾吕雅、保尔·瓦雷里、吉比乌斯、布莱希特、夏目漱石等人的作品，这本书可谓我诗歌写作的航标，一下子把我引领到一个世界诗歌的语境里。像约瑟夫·布罗茨基，书中收录了他的诺贝尔文学奖获奖词以及他的诗歌，虽然当时看得不是非常明白，但是至少视野一下就打开了。

朱郁文：说明早期的影响还是很重要。

谢湘南：对。

朱郁文：您说自己当年"贸然辍学"，怀着"少年的单纯理想"踏入社会，出来打工，为什么说是"贸然"？所谓的"单纯理想"是什么？

谢湘南：辍学的想法单纯又固执，上完高二的第一学期，我就不去上学了，感觉考大学无望，想当作家，觉得去社会上体验是可以成功的。父母再怎么劝我，我也不去学校了。我的父母比较开明，没给我什么压力，我爸只说了句，"只要你以后不埋怨我们没给你读书就行"。记得那时有本杂志叫《女友》，后来又出了一本《文友》，如果没记错的话，当年《文友》上刊载了路遥的一篇创作谈《早晨从中午开始》，那篇文章给我留下很深的印象，对我影响也比较大，也可能是我辍学想法的源头，我想像路遥那样去社会上体验生活。

朱郁文：等于说您出来打工之前就已经有一个明确的要当作家的梦想。

谢湘南：对，反正想法比较简单，当时是抱着一个梦想来的，就是受影响比较大。我父母的想法也比较朴素，对我没有太多要求。

朱郁文：您出来打工之前就有写过东西吗？

谢湘南：写过，但是不成熟，自己写着玩的东西，也在我们当地的报纸上发表过。

朱郁文：是否后悔当初的选择？

谢湘南：没什么后悔的，作为人生的选择，至少今天回过头看，我坚持了自己的想法，也实现了写作这一目标。

朱郁文：您说，1997年对您来说是一个分水岭，那一年有两件事对您影响重大，一件是您二姐的自杀，另一件是参加诗刊社的"青春诗会"，您说自从那以后，"有了一个更明确与坚定的方向"，这个"方向"是人生的还是诗歌写作的，具体是什么？

谢湘南：既是人生的，也是写作的，写作上的实现就是人生的目标。

从一流作品中汲取营养，通过写作在深圳立足

朱郁文：从正式"出道"到现在，您觉得受哪些作家作品的影响比较大？

谢湘南：第三代诗人吧，对他们诗作的感受最亲近。我记得朵渔写过一篇文章，把第三代诗人视作"长兄为父"，类似这个意思，我跟他的感受差不多。比如说于坚、韩东、欧阳江河他们的诗歌，当时读来也是有很大触动的。还有深圳的王小妮，都算

是身边的一些诗人，他们的诗歌让我感受很深。

朱郁文：我看您的作品，也是能感受到他们的影响在里面。西方的哪些作家对您影响比较大？

谢湘南：也谈不上很大的影响，就是有些印象比较深刻，像惠特曼、希尼、庞德的长诗，艾略特的长诗《荒原》，帕斯的《太阳石》，还有写过《疯狂的石榴树》的埃利蒂斯，他们的作品，读了都会有触动，相对来说惠特曼对我影响更大一些。还有就是台湾的诗人对我也是有影响的，像洛夫、罗门，读他们的诗我都会有感觉，就现代诗来说他们是走在前面的，他们的作品在20世纪五六十年代都已经很现代了。比如说罗门的战争题材长诗《麦坚利堡》、洛夫的《石室之死亡》，当时看了很受震动。

朱郁文：您的阅读挺广泛的，不光是诗、小说，还有不少哲学著作，我感觉存在主义对您的影响也比较明显，不知道对不对？

谢湘南：有。早年读书比较广，哲学类的，像萨特，很早就接触他的作品了，我一出来打工，就在书店里看了一套萨特的文集，我就买了，就在上沙的一间小书店，后面有克尔凯郭尔。我记得以前三联书店出过一套薄薄的小册子，收录作家有加缪、尼采，那一套书我觉得挺好，把收录作家的作品精选了一下。

诗歌必须要有思想性的东西，要有批判意识，这是我比较注重的两点。

朱郁文：但是我觉得您的批判又不是那种很直接的，而是跟自己的情感体验融合得比较好，比较自然，不是为了批判而批判。

谢湘南：其实我写的时候也是有这种意识的，当时我看罗兰·巴特的"零度写作"，感触很深，当然我开始写诗的时候还没看到他这个理论，看到之后感觉跟自己创作实际很贴近，写作要保持这种理性的客观的叙事基调。当时也比较喜欢米兰·昆德拉的作品，如《不能承受的生命之轻》。

朱郁文：1997 年您就受邀去北京参加诗刊社举办的"青春诗会"，后陆续在《诗刊》发表诗歌，是什么样的契机让您写作之初就得到大刊、名刊的关注？这种关注对您走上诗歌写作道路的影响是什么？

谢湘南：可能是我比较幸运，《诗刊》的李小雨老师从自来稿中把我的诗挑选了出来。当然这其中很大的原因是，我的写作是紧贴现实生活的，扣住了时代的敏感神经，我诗作的表现手法是现代的，甚至是后现代的。我的写作练习期其实在上初中时就开始了，那时候我会模仿着写像顾城作品那样的朦胧诗，当步入社会之后，扑面而来的生活让我的写作落到了实处，这些诗歌作品一出现就受到了关注。这种关注与发表机会的增多，自然也改变了我的生活处境。

朱郁文：2003 年您到《南方都市报》做记者，成了一个媒体人，在这之前您其实已在文化单位（沙头角文化站）工作了，对吧？您是如何进入文化传媒系统的，前后的生活状态和写作状态有何变化？

谢湘南：我是 1998 年秋进入沙头角文化站工作的，这份工作完全是毛遂自荐上门寻来的，在文化站工作了 4 年。2002 年，诗友卢卫平邀我去珠海，去他当时所在的公司上班，于是在珠海待了一年。在珠海工作时结识了诗人陈朝华，他当时是《南方都市报》的副主编，我提出想去媒体工作，他把我招入当时他分管的深圳杂志，就这样我又回到了深圳。

在文化站工作时有较多的阅读时间，8小时工作之外，就会去到楼上的图书馆看书，相对来说拥有很好的写作环境，那段时间我也写了大量的作品。只是因为薪水太低，作为临时工也没啥上升空间，时间久了我就想着改变。进入媒体系统后，工作相当忙碌，算是赶上了纸媒黄金时代的末班车，自己也是全身心地投入，那时候媒体相对来说是一个较为独立的系统，在里面浸润越久越深，诗歌写作也就变得越慢，甚至是长时间的停滞。

诗与思

朱郁文：您说在1994年的时候，大面积接触了中国现代诗歌，然后看到了"顾城事件"，受到震撼，开始思索诗歌究竟应该怎么写，直到现在仍然被这个问题困扰，不甚了然。"顾城事件"带给您的触动具体是什么，让您那么早就开始思考诗歌本质上的一些问题。

谢湘南：我记得是当时读了顾城的诗歌，买过他的诗集，然后他自杀了，让我开始想一些问题，比如诗人到底该如何在这个世界建立一个个人的体系和形象，就是说一个诗人的道德标准、道德意识怎样去建立起来，诗人除了诗歌文本之外，还应该如何应对现实社会与现实生活的困境，如何破解这种困境。当然，并不是深入的思考，也找不到答案。

朱郁文：您说从《外遇》到"广东诗人俱乐部"，再到《白诗歌》，可谓跨越了诗歌写作的两个时代，"我个人诗歌写作的对抗性也一定程度上在淡化与消解"。可否谈谈这种"对抗性"具体指什么？

谢湘南：这种"对抗性"更多指的是，年轻时对社会的不满和批判意识比较强，比如我写过一首诗，诗名就直接用了"对抗"，整首诗写的是我在深圳的生活状态。后来到了网络时代，这种对抗性一定程度上得到了消解。当然从个人精神层面来说，它的淡化和消解没那么快，但从整个时代来说，这个对抗性很快就消解了。它更多地变成了小团体之间的趣味，而不会对大的社会环境有什么触动了。也就是说，整个诗歌写作成了小圈子的事情，跟现实不存在太多那种对抗性。当你处在一个封闭状态的时候，情绪会很强烈，在网络打开了世界后，这个情绪很快能得到释放了，大概是这个意思。

朱郁文：《过敏史》收录的基本上都是长诗，就您的写作感受而言，长诗和短诗在表达思想和内心情绪上有什么不一样？在什么情况下会让您觉得我必须要用一首长诗来表达？

谢湘南：长诗更多的是一种思考的结果，是思想的积累（包括情绪的积累）达到一定程度之后才会产生，它需要把很多东西融在一起，就像一个大型建筑，或者一部交响乐。短诗，更多的是灵感式的、闪烁式的，它的情绪也可以很饱满。长诗我这几年写得比较少，那些都是早期的作品。不过，这两年我也在思考两首长诗，一首是关于自由的，涉及被阉割和自我阉割、人的命运与语言怎么结合等问题，这个长诗我觉得是具有历史意识的，比如从太史公开始，他作为一个被阉割的人，生命状态是怎样的；另一首是关于未来的，是对城市未来的一种思考，比如深圳过了几十年之后是一个什么样的状态，因为诗歌写未来的比较少，大都是写当下和过去的，关于未来的我们看到的都是小说文本，像科幻小说，我想用诗歌做一次尝试。

朱郁文：《过敏史》中的《美人》，这首诗直接引用、化用了近四十首当代诗人的诗句，并作了注解，在我看来很具有实验性，为什么要写这样一首诗？

谢湘南：其实有一个很重要的原因是受到本雅明的影响，他提出一个观点，想完全用引语写一本书，我受这个观点启发，当时刚好我所在的部门策划了一个"深圳小姐"的竞选活动，就是选美的活动，我就以此为背景进行了一个实验性的尝试，写了《美人》这首诗，觉得挺有趣的，当时我还跟杨克等几位诗人约稿，类似于写同题诗，他们也如约写了，当时发在同一个版面。后来这首诗我发给《花城》，也很快发了出来。我在不同场合朗读过这首诗，一次是在单位的年会上，还有一次是在中信城市广场上，现场有数百人，感觉效果都还不错。

朱郁文：您在《生活的依据》里写到在房间里搜寻一本书，后来找到了，"就像找到/此刻，我的生活/我这四十多年/生活的依据"，这首诗是不是暗示了诗对您的重要性？您如何理解诗与人生、生活的关系？

谢湘南：可以这样理解，我寻找的这本书，"那一刻"对我的意义，如同生活本身的意义一样。一本书——是一个精神空间，也是一种认知的开端，一个通道，一种区别于日常生活而又在日常生活中的标识。书—阅读—写作，当它们构成了生活的主要要义时，就会觉得生活是诗意的，从这个角度来理解，诗与人生，与生活的关系是互文的，是同义反复的，而一本书介于两者中间，如同媒介，或连接器，如同生命存在的依据或证词。

朱郁文：在《流浪的吹鼓手》一文中您写道"我只有拿起笔，成为自己的一个'吹鼓手'，一个心灵的'吹鼓手'，我要用我的诗句与文字去鼓舞那些苦难的灵魂"，在《谢湘南诗选》后记里您又说记录下来的多数是"无从分享的生活"，如何理解诗与自我与他人的关系，是否看重诗的社会功能？

谢湘南：《流浪的吹鼓手》是我早年写的一篇小散文（那时候互联网尚未兴起，更未普及），距离《谢湘南诗选》出版应有16年之久，其间的社会生活发生了很大的变化。我之所以会在《谢湘南诗选》后记中提及或强调"无从分享的生活"，是因为在一个网络自媒体时代，分享很多时候异化成了一种炫耀。我们在朋友圈，或者在其他网络平台看到的个人生活与社会生活大都是"美好的"，互联网兴起让我们看到一个信息爆炸与超载的社会图景，但与此同时很多信息被遮蔽了，舆论空间萎缩，言路窄化。一首诗歌的读者也不是作者所能提前设想的。写诗最初只是自我的表达，作为一个作者自然是希望自己的作品是可以分享的，是可以给他人带来不一样阅读感受的。至于这些作品究竟能起到怎样的社会功能，这是作者无法预见的。如果作品能给他人带来鼓舞，引发广泛的共鸣，当然也是我所希望的。

朱郁文：21世纪以来，相较于其他文学门类，诗歌领域出现的争议还是挺多的，人们普遍认为，诗歌创作的门槛很低，但也因此导致乱象丛生，您如何看待当下的诗歌生态？

谢湘南：我觉得当下的诗歌生态挺好的，"门槛低"这个说法仁者见仁，乱象中自有内在的秩序，当代诗歌的秩序建立在认真书写作者的个人的内心，对当代诗的评判标准，会在不同的框架内与群体中产生，这很正常，作为诗歌写作者，你以自身认可的写法去写，就是一种正当的秩序。

朱郁文：您有没有所谓的"诗歌理想"？有没有明晰的写作计划？

谢湘南：没有。一首一首写下去就好。我以前有个习惯，喜欢起一些标题，列出一些好的句子，在某个时候它可能就成了一首诗。

深圳有着丰富的文学性和正在生成的文学生态

朱郁文：您说深圳是一个有着丰富文学性的城市，这种"丰富"体现在什么地方？

谢湘南：移民城市，人口结构多元，超速变化，如同一个大熔炉，有着与内地很多城市全然不同的开放性，生活形态本身的丰富性，既可容纳差异化很大的人群，也可形成全新的城市人文属性。我们通常会讲"文学是人学"，那么在深圳这样一个年轻的城市里，集聚了2 000万人口，其密度，其落差，本身就充满了文学书写的种种可能。每一个生命个体，在深圳都会有专属于自身的经历与故事，这些故事如果经过语言的揉搓，经过细节的凸显，经过生活的撞击……时机一到，就会绽放出文学性来。

朱郁文：您觉得一个城市的精神气质会影响一个诗人的写作吗？深圳对您写作的影响体现在什么地方？

谢湘南：城市的精神气质其实是一个虚妄的概念，我的理解是生活在这个城市里的人——活生生的人——决定了这个城市的精神气质。深圳人来自五湖四海，所以这个城市会表现出一种杂糅的精神气质，又因为年轻人占了城市人口的绝大比例，所以它会显出年轻态。没有历史包袱，是个制度性设计的城市，也是一个被制度性光芒照耀的城市。

我不确定这个城市对别的诗人的写作是否会产生影响，我曾采访过王小妮，她就觉得她的写作与城市关系不大，她的诗不负责见证城市。但从我个人的写作实际看，我是被这个城市影响的。这首先体现在这个城市给了我一个生活框架，20 世纪 90 年代初期，我在这个城市的生活框架大体是私营工厂，后期是基层单位，进入 21 世纪便是市场化媒体机构，在这些生活框架里我所经历的生活形态与细节，构成了我写作的主要内容。

我在这个城市里择业，是主动的行为，但一定程度上也有被动的地方，因为被自身条件与社会条件所限，所以会有偶然性，但这种偶然性也带来了想象空间，反过来说，这也变成了我创作的素材，比如说，我曾经写过很多首涉及求职与求职过程的诗，就可作为例证。

大多数时候，作为个体都会在自身的生活框架里打转，如何超脱这个框架，就是写作赋予我的意义。反过来说，当个人的写作变得足够强大的时候，就可以以自身的文本去界定城市的精神气质。

朱郁文：深圳举办了很多大型的文学活动，比如花地文学榜、深圳读书月、睦邻文学奖等，另外，还编撰出版《我们深圳》文丛、"南方叙事丛书"、"深圳文学研究文献系列"等，您如何看待深圳的文学生态？与别的地方相比，有独特性吗？

谢湘南：深圳的文学生态是一种进行时的、正在生成的生态，您提到的这些文学活动与项目，让深圳的写作者获得更多的机会、更多的关注，也给予写作者更多的动力。别的地方我不太了解，所以无从比较。深圳文学生态的独特性并不明显，个人认为仍处在建构的过程中。

朱郁文：作家丁力在 2021 年第 1 期《文学自由谈》上发表了《深圳为什么没出"大作品"？》，他所说的"大作品"主要是指茅盾文学奖这种级别的长篇小说，他认为深圳到目前为止出不了"大作品"的根本原因在于深圳文化，深圳文化的核心是"效率文化"，这种基因导致深圳不注重文学事业的基础建设，而往往投资在短期内见效的事情上。李更在 2021 年第 6 期《文学自由谈》上发表的《拖泥带水》中作了进一步回应，他说："一个世界上发展得最快的大都市，四十年就从一个小渔村成为千万人居住、工作的超级大城，文学至少是滞后的。明明也有不少著名作家进入，却几十年如一日地宣传打工文学——我一点也没有歧视农民工的意思。从流水线上找吃苦耐劳、挥汗如雨的高玉宝也很重要，但刻意把一个科技、经济高度发达的世界级城市，从文化上渲染成一个农民城市，是不是一种自我矮化？你的精英文化哪里去了？"您如何看待他们二人的观点？

谢湘南：李更的说法有些片面，我在深圳生活了这么多年，在媒体单位也是做文化线的记者，似乎没有看到"深圳从文化上渲染成一个农民城市"，这种论断的依据在哪里？可能更多是作者自己的一种刻板印象吧。深圳宣传打工文学是十多年前的事了，近几年深圳举办科幻文学的活动倒是常有，也有年轻的写科幻文学的作者冒出来。当年，深圳在宣传打工文学的时候，也宣传新都市文学，"1994 年，深圳市文联主办的大型文学刊物《特区文学》提出'新都市文学'的口号"。当时就推出了一批写都市生活的作品，也引发了广泛的讨论。想要了解深圳文学的读者建议去读一读《深圳新文学大系》，这套书分"新都市文学"卷、"打工文学"卷、"非虚构写作"卷、"底层文学"卷，其中，"新都市文学"卷与"打工文学"卷由李扬教授主编，"非虚构写作"卷、"底层文学"卷由孙民乐教授主编。这套书大致梳理了深圳 40 多年来的写作样式与代表性作品，从中也可看到深圳文学创作的多样性。

丁力提到的深圳没有"大作品"确实是个客观存在的问题，我觉得有两个层面的原因，一是因为时间还不够，深圳作为一个大城市本身也没有多长的历史；二是因为作家生存的状态和环境不理想，比如我，我更多的时候是被生存的压力所驱动和干扰，用于写作的时间和精力非常有限，包括丁力他自己完全是靠写作来赚稿费的，没有人给他发工资，他的压力也是很大的。当然，不仅是作家，普通人在这个城市生活压力也不小。总的来说，就是大环境加上个体因素，都会影响到丁力所定义的"大作品"的产生。

朱郁文：说到"打工文学"，我有个问题想问您。研究打工诗歌的人似乎都把您作为其中一个重要代表，可据说您一直对"打工诗人"的称谓比较排斥，能否谈谈具体缘由以及对这个概念的看法？

谢湘南：这个要从文化观念上来说，其实从一开始我认知的诗歌就是一个大的概念，是世界性的，整体性的，诗歌就是诗歌，而不是以写作内容与题材来区分的，也不是以写作者的身份来区隔的，当这个标签贴在我身上的时候，我会觉得被限制了，我的写作在一定程度上就被这样一种突如其来的分类打扰，这一概念，或者说这一命名，在当时的环境中具有非常强势的引导性，它强调与强化了写作者的身份，我是被动的，这对一个有着自身写作观念的写作者来说，是一种伤害。你的文本被遮蔽，你的人物性格同时也被套入一个认知的模式，你被模型化。这是我不认同，并尝试去抵抗，也是当时有反感情绪的原因。我写诗是追求自由，是解放自我，而不是为了意识形态上的需要与圈层化。

我完全不否认我打工者的身份，当然我写过很多打工题材的诗歌，而且我觉得这些诗写得很好，确实是对一种新的生活样式的率先捕捉与表现，具有开拓性与典型性，但完全从这个角度对我进行界定，是失之偏颇的，而且当时很多人谈论打工诗歌，是带着偏见的，认为它们只是具有社会学的意义，文本本身很粗糙之类的，当时自然情绪上就会有抵触，这是当年的一个想法。而且我是比较早写这个题材，后面有一批人冒出来的时候，他们带有更多功利性的想法。所以早年我也很少参加这一类的活动，我坚持自身的立场，自己写自己的。其实，我倒不是反对这个提法与命名，从理论的角度讲，这个无可厚非，一定程度上我认可它所起的作用，只是不希望自己一开始就被这样一个概念圈住，而是希望更多人从诗歌本体去阅读诗歌。

朱郁文：我觉得您有这个意识跟早期的阅读有关，因为早年您看了很多世界性的大诗人的作品，您的视野和格局肯定是不一样的。但是更多的"打工诗人"他们不一样，他们能够靠着写作从底层走出来很不容易，他们渴望靠这个抓住一些东西，有一种"抱团取暖""抱团出名"的感觉。

谢湘南：对，就是群体性的效应。这些都很好理解。

朱郁文：从我们做理论研究的角度讲，必须制造一些概念和术语，不然没办法阐释和言说。

谢湘南：其实，"打工诗歌"在那个时候，作为深圳的一个文化现象也好，文学现象也好，对深圳的城市文化是起到积极推动作用的。而且，它对一大批底层打工人是有激励作用的。但是，后来这个东西就慢慢有点变味了。我没有跟着这个东西走，因为我从一开始对我的写作就有很清醒的认知以及对自己作品的定位，以及我的写作方向。

以自身的敏感介入城市

朱郁文：在《深圳时间》这本书中，您详细地写了在深圳接触到的诗人、参与的诗歌活动，包括创办诗刊《外遇》、在诗歌网站开设"广东诗人俱乐部"论坛、提出"白诗歌"概念、参与"第一朗读者"这样的诗歌品牌活动，记录跟朋友在"边缘客栈"

度过的时光，等等，可否谈谈这些事情对您写作的潜在影响？

谢湘南：参加诗歌活动更接近于一种生活方式，对写作的影响就像您问的，它是潜在的，并不明显，甚至自己不会觉得它有影响，这种影响可能反映在写某一首具体的诗时，影响它的来源与过程。

朱郁文：现在您应该也会经常参加一些诗歌活动，您觉得与从前有什么不一样？

谢湘南：年轻的时候，几个诗人朋友在一起玩，更投入一些，诗歌活动的自发性、民间性更强一些。现在参加的很多活动社会性强一些，更有组织性，但也比较程式化，有固定的流程。年龄不一样，大环境也变了，心态是不一样的。

朱郁文：我觉得那种自发性的民间性的文学活动对一个地方的文化生态的形成非常重要。您在《南方都市报》策划"深圳文化地理"活动是哪一年？策划这个专题的初衷和意义是什么？

谢湘南：2005年。媒体一个很重要的功能是参与城市文化的建构，我们需要设置一些议题（设置议题也是《南方都市报》所擅长的），一些具有深度的系列报道，一方面融入城市，另一方面吸引读者。2003年深圳确立文化立市的战略方针，也是在那一年我进入《南方都市报》，我们开设了"文化深圳"的专题版块，做关于城市文化艺术的专题与深度报道，当时我是"文化深圳"版块的主要记者。那时候，我们的体制也相对灵活，一线的采编有很大的操作空间与自主权，做选题大致可由自己定。策划这个专题的初衷自然是想以跨年度的大型制作来梳理深圳的城市文化，以"地理"的概念与报道框架，将最鲜活的文化现场以及深圳建市以来的文化积累呈现出来。2000 年之后，深圳处在一个产业升级、城市转型的关键窗口期，那时候有一种论调认为深圳是"文化沙漠"，持这种看法的人很多，但是我们不这样认为，我们想以自身的工作，为深圳文化的建设存真。而作为一家活跃的都市类媒体，我们也是以自身的职业敏感，走在了时代的前列。

朱郁文：您觉得文学的深圳和商业的深圳应该是一种什么关系？

谢湘南：如果两者交集在一起，我想会呈现一种相互映照的关系，但更多时候，两者似乎并没有什么交集。早年，深圳曾出现过文稿拍卖会，那是一种具有开拓性的尝试，很可惜，有好的开端却未能持续。商业作为写作的素材出现在为数不多的深圳写作者的笔端，据我有限的了解，丁力写过多部这方面的长篇小说。

朱郁文：您在《我的诗篇》微纪录片中说："要融入这个城市你要找到一个归属感，所谓安身立命的地方，你在不停地寻找下一站，你的下一站在哪里你不知道，你是茫然的，这个过程却是很痛苦。"您在深圳打拼、生活、写作二十多年了，如今再看，深圳有没有给您一种归属感？这么多年对故乡的感受有没有变化，现在的您对故乡是一种什么样的情感？

谢湘南：有的。至今我在深圳生活的时间已多过在湖南老家生活的时间。这种归属感，从购房之后就有了，近年来会有更强烈的感受，就是这个城市不仅是一个物理的居住空间，而且已经是自己的精神家园。"故乡"更多是一种记忆的底色，是不太能触摸到的怀想。说得更具体点，故乡就是埋葬父母的地方，就是两座坟，在这两座坟前，转身眺望，我会看到自己出生的房子，小时候玩耍的田野与山野，还有小学堂以及不时浮现的亲人的面貌。

朱郁文：我无意中看到了《城市写作的地标：深圳富士康超级冷面写手》(《世界建筑导报》2012 年第 1 期）这篇文章，有点意外也有点震撼，在我看来它极具戏谑性而又极其严肃，对富士康工人"十二连跳"事件进行了形而上意义上的观照和反思，同时提出一个非常重要的命题，即写作与现实的关系，为什么会写这篇文章？作为一个写作者，应该以什么样姿态和方式介入现实并超越现实？

谢湘南：这篇文章最早是发在《花城》(2011 年第 2 期），当时的标题是《作者病变与文学寻租》，其实我一直对文学评论很感兴趣，当时就想以一种比较新颖的角度与手法来写文学评论，而现实生活中的很多事件其荒诞性已超越了众多的小说文本与作家的虚构能力，再加上看到"作者的死亡"这样的理论，于是写了这篇文章，旨在尝试不一样的批评的写法。当时想写个系列，可惜的是自己未能坚持下来。其实，这类文章仍然是我一直想写下去的东西。

朱郁文：在众人眼中，深圳是一座年轻、时尚的城市，这样的城市是需要一定的先锋精神的；同样，我觉得诗歌也需要有先锋精神。但是，与 20 世纪不同，现在好像比较少谈论诗歌的先锋性、文学的先锋性，在您看来"先锋性"意味着什么？对当下的诗人而言，先锋性是不是必要和必需的？

谢湘南：我觉得先锋性意味着尝试、探索，甚至是反叛。先锋性需要具体的话语环境，当下，谈先锋性似乎是一种冒失，但从自身写作的维度，我觉得仍然是必要的。

（访谈于 2021 年 12 月 18 日、2022 年 1 月 23 日，1 月 27 日整理完毕。）

　　太皮：本名黄春年，1978 年生，中国作家协会会员，澳门笔会理事，《澳门日报》专栏作者。著有中长篇小说《绿毡上的囚徒》《爱比死更冷》《草之狗》，短篇小说集《神迹》，散文集《夜游人》，诗集《一向年光有限身》等，短篇小说代表作有《摇摇王》《连理》等。曾三获"澳门中篇小说奖"，两夺"澳门文学奖"小说组冠军及诗歌组奖项。

太皮：想写一部打破地域局限的大作品

朱郁文 × 太　皮

写作是由集邮的兴趣引发出来的

朱郁文：先从您的写作经历谈起吧。您是从什么时候开始写作的？当时是怎样的状态和心态？在此之前所接受的文学滋养有哪些？

太　皮：我从小学就开始向报刊投稿。我生于普通家庭，家里没什么文化氛围。在十岁左右，我喜欢上了集邮，因而会阅读一些集邮书刊。一次偶然机会，我知道了内地出版的《集邮》杂志，便常常央求父母去珠海购物时顺道买一期《集邮》回来。最初看图画，后来就硬着头皮，透过那时还不太会的简体中文细读不太熟悉的内容。影响所及，慢慢地，竟萌生写东西的念头。

当年《澳门日报》的娱乐版设有一个栏目，主要是发表读者三四百字的短文，其内容可以是评论电视节目或明星八卦。我觉得自己也写得出来便跃跃欲试，写了一篇投寄，结果第一次投稿便获得刊登。

可以说，于我而言，是先有写作，才有文学，写作是由集邮的兴趣引发出来的。

因为想写作，上中学后我接触不同类型的文学作品，渐渐被文学的世界吸引。那时我看武侠小说、爱情小说和三毛散文等通俗文学，又读一些中外经典文学作品，读得较多的是古典白话小说、"五四"时期的小说以及外国现实主义文学，还会背诵诗词和名著的一些章节。《水浒传》是我中学时代就很喜欢的书，现在仍经常翻阅，我爱那些古朴的文字，爱那经久不衰的经典情节，爱书中多元的格调，并深受其影响。我对其成书背景及其拥有不同版本着迷。

要说自己真正有意识进行创作的处女作，也是在中学时代产生的，是一首新诗——《无花夜》，后来收录在我的诗集《一向年光有限身》中。

大学时，在苏州大学文学院修读新闻专业，系统地阅读了一些那时流行的现当代文学作品，中国的有反思文学和先锋小说等，特别是莫言、贾平凹及苏童等人的小说，外国的有米兰·昆德拉、加缪、博尔赫斯、卡尔维诺、福克纳等人的作品，这些都是对我非常有影响的作品。那时离开久居的澳门，经历了生活的起伏跌宕，好像突然开窍了，感到自己懂得如何写小说了，所写的小说也陆续得以刊登、获奖。

如果澳门有文坛的话，那文坛的情况应该是比较特殊的。在重点报刊如《澳门日报》及《澳门笔汇》上发表了几篇作品，在当地标志性的比赛"澳门文学奖"上获奖，就可以算进入文坛了。

我的童年是在澳门的马场木屋区度过的，简单来说，那是澳门的一个村落，位于海洋、工厂和城市之间。由于城市的发展，那个我视为故乡的地方已永远消失。我对童年的缅怀、记忆与想象，催生了我怀乡的情怀，那应该是我文学的起点。

朱郁文：在文学创作上您遇到过哪些障碍和阻力，都是如何应对的？

太　皮：这个问题不好答。可以从两方面来看，一方面是整体环境，另一方面是自身。

创作环境上，澳门的文学一直没有完整的生态，原因之一是澳门的出版业不发达。在澳门可以轻易买到世界各地的出版物，说搭便车也好，说没条件竞争也好，澳门的出版业没怎么发展，除了一些只有在澳门适用的专业书籍，如法律类等，至今澳门几乎没出版过什么文学类的书籍。由于人口基数少，读者少，澳门文学的读者更少，几乎没有一本书能够收回出版成本。

由于一定是亏钱的，所以澳门的作者要出版图书，一般是自费，或依靠澳门基金会等资助，虽然近年经过政府和民间的努力，也有作者在外地出书，出版了一定数量的文学作品，但相对其他地方而言仍较弱。就算未来粤港澳大湾区融合，在出版业这一块相信也不能完全打破隔阂。澳门也没有评论的氛围，书出版了，整个写作历程就断裂了，作者常常得不到评论者或读者的反馈。其中一部分原因是澳门人的文化生活与实际生活是分离的，澳门的论者和读者，不需要澳门作品来满足其精神需求。

文学的发展与整个社会经济文化发展水平分不开，如果整体社会经济不强势，文学被看见的机会就很小。在中国，没有多少东南亚籍作家的作品出版，我相信这是其中一个原因。换作以前，澳门的文学要想被看见，难比登天，现在澳门经济发展了，知名度高了，人们对澳门文学就有一定的需求，不过，即便如此，相较于其他地区，澳门文学的产出和输出还是比较少的。

我觉得，澳门的文学作品要像澳门的旅游业一样，最容易面向的市场是内地，然而，不同的意识形态以及社会生活层面的差异，使人们在生活经验上难以获得共鸣，不要说澳门，我们知道广东作家在内地的影响力也有限。

不过，这些局限也有一些好处，正因为少受关注，所以写作的自由度较大，只要不触碰底线就好，但澳门人都安分守己，大家都会自我审查，又怕别人对号入座，怕无意中得罪熟人，写东西还是碍手碍脚的。小地方就有这种局限，这也是澳门特殊的生态。

在我自身方面，障碍有一部分来自动力。写作意味着牺牲阅读、看电影、做运动和其他可以运用的闲余时间，生活和工作上了轨道后，就需要决心和契机去投身写作。自己的生存和生活并没有太大危机，又没有往死里拼的心思，若没有机缘，就没有埋头苦干的冲动。那是什么机缘呢？当然不是希望自己的生活出现意外，而是说诸如约稿或比赛的机会。约稿还好，一些澳门以外的比赛除非奖金很诱人，否则你获奖后，版权就是主办单位的，对于我们这些已有一定资历的作者而言吸引力将大打折扣——当然前提是要得奖。

澳门没有专职作家，基本上是业余的，当然，港台作家大部分实际上也是业余的，但不同的是，他们大多从事与文学或文化相关的行业，而澳门较活跃的一批作家，其正职工作与文学是没关系的。我有朋友曾经是保安公司的会计经理，也有朋友从事博彩市场策略分析，还有心脏科医生，但他们都从事创作。我觉得这是澳门作家的特别之处，在百物腾贵、职业选择少的处境下，首要的是安身立命。

当然，卡夫卡是一个保险公司职员，葡萄牙诗人佩索阿也曾当过商行职员，所谓业余不业余，根本不能拿出来说事，也只是自己唬自己而已，一个作家的作品要是足够伟大，没有任何事情可以阻止得了，若不能成功，还是自己的问题。

要说怎样应对这些阻力与障碍？早年我还希望打开局面，有些雄心壮志，后来我却较为消极地应对。虽然看了优秀作品后会产生自卑感，但是我也想到，一个地区文学的发展不能一蹴而就，要有积累，我创作的作品并没有白费，可以为后来者铺路，也可为我身处的时代留下一些侧写。

受精力和时间所限，我现在经常推掉本地的约稿，主要靠写作《澳门日报》的专栏来维持文学生命。当然，若有好的契机，我相信自己可以写出令人满意的小说。

不同的工作经验提供了大量素材

朱郁文：我知道您从事过杂志编辑、媒体记者、赌场保安部操作员等职业，这些经历对您写作上的影响是什么？

太　皮：以前澳门经济很差，社会资源极少，就业岗位也不多，有些人跑到欧美国家当厨师，有些人前往港台做"黑工"。

我很小的时候就会赚钱，包括到玩具厂捡拾一些零部件装篏，转售图利，又或剪线头（为制衣厂的成品剪去多出来的毛线），后来到酒店或工厂打暑期工，十五岁时开始做兼职，做过的工作包括快餐店服务员和马会接线生等，几乎整个中学时代都在做不同的兼职，穷人的孩子早当家，除了能赚零用钱，也希望掌控自己的生活。

正式步入社会后，在不同的传媒机构当记者、编辑，也曾短暂去赌场打工，参与澳门社团组织的社会服务，见过不同社会阶层的人，现在供职于政府部门。这些经验无疑为我的写作内容提供了大量素材。

澳门虽然面积有限，但历史有广度和深度，可以写的东西有很多，我现在主要是没时间收集和阅读材料，而且澳门过去大量资料是葡语写成的，我的葡语只有相当于皮毛的程度，这会成为我写作生涯的缺陷。

现在，我的工作仍离不开写东西，但与文学创作是完全两回事。

朱郁文：我看到介绍说您在大学时期曾在《澳门日报》连载一部长篇小说叫《草之狗》，可否介绍一下这个作品以及当时连载的情况？

太　皮：《草之狗》是我唯一一部有传统小说结构的小说，多线发展，主要采用上帝视角，又融合了不同元素，不成熟是肯定的，却是一本充满赤子之心的小说。小说主要描写的是几个低下阶层的少年的成长故事。小说有几个主要角色，中心人物是一个叫楚构的男孩，受着家庭矛盾、理想的追求和爱情的烦恼；其

147

他角色也有进入黑道继而沉沦的。

写作过程贯穿了我的大学生涯，连载了约两年。那时，每读到新的技巧，我就将之融合到小说中，因此，某些章节会像魔幻现实主义，某些地方是意识流，某些又是存在主义，写到后来，我甚至连接了《红楼梦》，透过魔幻现实主义的方式，为薛宝钗翻案。因为那部小说，我写小说的技巧得以磨炼。

如果按等级对照，《澳门日报》是省级的报纸，小说版虽然是副刊，但那也是我的一次重要亮相。当年二十余岁，不知道自己年轻，现在到四十岁之后有时仍被称年轻人，就明白当时的年轻真的是难能可贵。那时，想着成名要趁早，获过一个小奖，又连载过短篇，完全靠开篇的文字和诚意打动了编辑廖子馨女士。当时的社会确实充满人情味，愿意给后辈机会和信任，澳门的文学界还是挺不错的，只要你肯写且写得像样，编辑或者文学前辈对后辈仍是热心帮助的。

那时还未习惯使用电脑写作，求学时也买不起笔记本电脑。那时在苏州，我都是手写的，写完誊好后，影印备份，挂号寄回澳门，通常一写就是一个章节或半个章节，一两万字，可连载半月至一个月。当然也有过没有灵感、差点交不出稿的困境。

一个月的稿费两千多元，那时相当于普通苏州人一个月的工资了，我用那些稿费来交大学的房租和花费。不管是对我往后的写作还是人生，那都是成长的重要经历，多少个无眠的寒夜，写干了很多圆珠笔。

现在几乎没有报刊连载小说了，有本事的年轻人可以写网络小说，但我觉得那是拼命的"玩意儿"，日更两三回，每回数千字，我是无法可想的。

朱郁文：您小说里的人物，尤其是主要人物，是否都有原型？小说创作的素材和灵感一般来自哪里？

太　皮：短篇小说大部分有原型，如《环姐》的原型，是我从几个类似的女性身上提炼出来的，是我比较突出的有原型的一篇小说。长篇小说的话，如《绿毡上的囚徒》中人物的原型是我在当记者和参加社团活动时遇到的人物和收集的素材。有些原型是自己的经历，再混合其他人的经历，但真正倒模自己的，没有，我还未能完全地直接面对自己。

死亡是小说离不开的命题，"疯子"是小说离不开的人物

朱郁文：我知道您不仅写小说，还写诗和散文，但应该还是以小说为主。读完您的几部小说（集），我最大的一个感受是您特别钟爱写凶杀，而且都是描写很残忍的凶杀，像《爱比死更冷》《绿毡上的囚徒》《懦弱》《杀戮的立场》《魔蝉》，包括小说集《神迹》里面的《杀谜》《忧郁的星期天》《报复》《替身》都写到凶杀，而且凶杀都是小说的核心情节。另外，人物的命运也都很悲惨（像《魔蝉》里的张雅芸），几乎没有"善终"的人。为什么喜欢写这些、这样写？跟您的文学观、写作观有怎样的联系？

太　皮：虽然澳门没有图书市场，但创作也不能不顾虑商业元素，我还是很担忧自己突然红了（笑）。我这样创作希望既能保持小说的严肃性，又能兼顾通俗性。死亡，是小说离不开的命

题，而凶杀也是通俗小说的主要素材。这离不开我本身的阅读兴趣，当年我特爱看悬疑推理小说，如东野圭吾的作品，联系我前面所说的，现实有些事情不便写，但凶杀，相信没有人会对号入座，所以可以充分虚构。当然，有些内容是有现实事件作基础的。

你说我的小说中没有善终的人，这个我没有刻意去研究，有时写着写着，就感到悲凉了。我有一篇叫《河马史诗》的短篇小说，获得澳门文学奖冠军，我本来想写一个美好的结局，谁知我一动笔，就把描写对象写死了，然后再倒叙回来。

文学创作离不开悲剧，离不开人的苦难。桑塔格说，文学是用来受难的一种形式，她说过一段话我很喜欢："作家是典型的受苦者，因为他已经找到受苦的最深层次，也因为他找到专业的工具来升华（是字面上的含义，而不是弗洛伊德主义者所说的升华）自己的痛苦。就身为人而言，他是受苦者；就身为作者来说，他将自己的痛苦转化为艺术。作家是发现能将受苦使用在艺术上的人——宛如圣徒是发现将受苦的必要性与效用发挥在救赎上的人。"

作家离不开悲悯。我心中中国最伟大的短篇是鲁迅的《孔乙己》和《祝福》，孔乙己的下场是很悲惨的，由于人物形象表现出来的滑稽性，至今人们仍然用那个人物形象来戏仿，我觉得那更悲惨了；至于祥林嫂就更不用说了，"只有那眼珠间或一轮，还可表示她是一个活物"，那已是载入史册的描写。悲剧，最能使作家的悲悯和受苦得到体现。

当然，一方面是悲剧易感动人，另一方面是自己的功力仍有待磨炼。那些表面看不到悲剧的悲剧所蕴含的力量更加巨大。因此，一些散文化的小说，不徐不疾地娓娓道来，最后令人无言的感动，如汪曾祺的一些作品，那是我尝试和努力的方向。

朱郁文：您的几部小说都有一个似有精神分裂的人物，比如《绿毡上的囚徒》中的冯威廉、《杀戮的立场》中的齐北鬼、《报复》中的何志来，不知道我的判断对不对，可否谈谈您对这些人物的塑造？

太　皮：何志来只算着魔而已，不能算精神分裂，《报复》有些神怪小说的味道。我对《绿毡上的囚徒》的冯威廉和《杀戮的立场》中的齐北鬼在创作上是不同的，前者想反映的是社会压力下的疯癫状况，比较贴近精神病，实际上精神分裂必然伴随一些心理和生理的其他问题，而非单纯换一个马甲那么简单，但作为小说，我还是容许有一点失真；至于齐北鬼，就是发挥传统武侠小说走火入魔的元素，是追求武艺极致后的一种迷失状态，也可以比喻为创作者的忘我状态。

"疯子"是小说离不开的人物，有时担当着发表预言的角色。作家喜欢写"疯子"，一来那是真实存在的，二来我想是因为疯癫的状态很迷人，可以用另一个身份过活，可以活在自己的精神世界里，但正常人不希望自己疯癫。

爱有两面性

朱郁文：《爱比死更冷》算是一部爱情主题的小说，主要内容是主人公林朗与周柏、何艾、糜如澄等人的情感纠葛，整个故事读下来，给人的感觉是爱并没有拯救他们，反而使他们成为"爱"的囚徒，最终导致悲剧的命运。该如何理解这部小说的主题？

太　皮：在创作之初，我的设计是希望表达爱的两面性。爱的反面是恨，陌生人对我们的伤害是无知的，但爱的人对我们的伤害是明知的、变本加厉的。这样说也许还不对，爱与恨本来没有正反之分，爱本身就与恨密不可分。

这个小说本来想叫《以爱还爱》，套用"以牙还牙，以眼还眼"的谚语，以爱还爱，就是以爱情来报复爱情，但后来我发现这方面不太突出，所以就没再强调了，但其实细心阅读，还是会发现作品中这层意思的。

我们说爱的时候，其实包含了伤害，伤害的对象可能是对方，可能是自己，也可能是他人。小说的主题比较单一，就是以爱的名义伤害。但最后我还是为主角留下了一条有少许光明的"尾巴"。我还是肯定爱的，真正的伟大的爱可以掩盖一切伤害。

朱郁文：您的小说很多都写到不对等、不自然甚至是畸形的男女关系，像《爱比死更冷》中的林朗与何艾、《懦弱》中的戴芳妮与司徒河清、《绿毡上的囚徒》中的梁芳婷与张永正、《魔蝉》中的张雅芸和李奕、《天空闪现的爱情或死亡》中的阿竹和玉怜等，这该如何理解？

太　皮：这种不对等的设置主要是为了塑造戏剧矛盾，但如果要归纳的话，可以说这是普遍存在的两性关系（或伴侣关系）状况。在伴侣的相处和关系的发展过程中，大多数情况是一方占优势的，只是在过日子的情况下，我们一般不会强调，或只是以温馨幽默的方式去呈现，我只是将这种差异提炼出来并制造成戏剧张力。

当然，这也许还与我的文艺趣味有关，每当看到小说或电影中男女不对等的情节时，我就特别有感触，爱情中一方付出了，另一方却漠视，如《红楼梦》中薛宝钗对贾宝玉内敛的深情，《包法利夫人》中夏尔被一再背叛，还有《月亮与六便士》里斯特里克兰的无情，《水浒传》就更多了。

电影《泰坦尼克号》中，爱情中男女双方不对等可谓极致，那宝石海洋之心是露丝的未婚夫所送，她却拿来作为与杰克的定情信物，作为两人爱的象征，与杰克一两天的激情已胜过与未婚夫的多时相处。

周星驰电影中的男女双方也是不对等的，只是那不对等以温情来结束，这是电影必需的。周星驰的电影都是男人视角（《新喜剧之王》除外），这个视角下的剧中总有一个无条件付出的男性，或有一个为自己无条件付出的异性。

朱郁文：在几部中篇小说中，《懦弱》的人物关系相对简单一些，主题相对容易理解，结局也是比较温暖的，这也许跟主人公最终走出了因当年的"懦弱"留下的心理阴影有关，整个小说的故事发展其实都跟"懦弱"相关，所以可以说这是一部关于因懦弱而犯错，然后自我救赎的故事，这样的构思和主题跟您现实生活有没有对应关系？跟您的人生体会有着怎样的联系？

太　皮：我纯粹就是想写一部通俗、流畅的作品，希望读者阅读起来没有太大负担，最好能用坐飞机或长途车的时间就读完，因此，结构越简单越好。

在商业元素上，这部小说讲述主角梁镜晖犯了错，获得救赎机会，并得到年轻女子的喜爱，属于爽文一类，而小说附带的其他角色有的是得到悲惨下场的，如司徒河清，还有误入歧途的古天成等，若将整个故事当成一个整体，结局便没有那么美好。

梁镜晖的结局确实不错，后来我借小说计划改编为电影的契机，写了一个简短的新版，提到他为自己的懦弱做了补偿，也迎来了悲剧结局。只是剧本没有被采用，电影最后还是使用了原著的一些元素。

如果说懦弱与我现实生活的联系，其实也有，面对不公平或者利益受损时，我们不一定可以立即采取行动反应，而任由懦弱对自己和他人造成伤害。

以"反武侠"的武侠小说反思人与大势的关系

朱郁文：《杀戮的立场》是一个另类的武侠小说，用李观鼎的话说，它"反英雄""反武侠"，为什么要写这样一部小说？有什么样的主题让您觉得需要以武侠的形式以这样的写法来体现？

太　皮：写武侠小说一直是自己的心愿，就像每位华语片导演总要拍一部武侠片，武侠小说要好看，篇幅一定要够长，要不然只能另辟蹊径。结合我对一些现状的反思，就有了《杀戮的立场》这部小说。当然，如果有机会，我希望写长篇，写真正的令人心潮澎湃而情节曲折的武侠小说。

"反英雄""反武侠"不是新鲜事，如网络文学，已经将武侠的花样玩到七彩了，关键是如何"反"。其实这部小说也有点复调小说的意味，是发生在同一角色上的复调小说，一方面描述主角成为英雄，另一方面又描述主角成魔，小说在展开的过程中，同时经历了两个克里斯多夫·佛格纳所说的"英雄历程"。

关于主题，其中一个是个人与大势之间的关系，用李教授在这本小说的序言里说的话："面对时代巨变和社会深度转型，面对强大的时势和注定的命运，一个武林中人，即或武艺再高、本领再大，也是渺小的、无可奈何的。"很多地方都是这样，个体是敌不过潮流，就算妥协了，潮流也未必会放过你。

朱郁文：在《杀戮的立场》后记里您说这个武侠小说"或多或少反映了我几年前生活上遭逢的一些困境，以及所作出的思考"，可否就这一点具体谈谈？在后记里您还提到文学写作不应该有道德包袱，但价值观的问题一直困扰着您，因为读者能感觉到您对小说中的"无差别杀人"的"大魔头"充满同情，那您为什么要对这个人物充满同情？在他身上您寄托了怎样的思想和情感？

太　皮：人与大势的关系，这是普遍性的，但当中也有自身的思考，当时自己正在转换跑道，发现自己的所学无用。澳门当时吃香的是旅游专业，从事博彩行业、高薪厚职都集中在那些行业，而我从事的传媒和社团行业，薪资较低，前景暗淡，只有进入体制这一途，才能改变处境。

现在我发觉我自己的作品是超前了，现在澳门就业市场的形势，跟《杀戮的立场》所说的有点相似，大概是疫情加上政策，现在澳门的旅游业与博彩业已大不如前了，贵宾厅纷纷停业，不少从事相关行业的人已失业，毕业生也找不到对口工作了。那些人目前正经历柴十郎（《杀戮的立场》里的人物）的困境。

至于价值观的问题，虽然文学作品不是说教，但一定要表达的是人性的光辉，如果只是写黑暗面，就没有文学的必要了。有一些文学作品是写黑暗面的，如芥川龙之介《地狱变》中的父亲为画一幅画，烧死了女儿，但获得了艺术的善。

电影在这方面更加严格，先不说我们国家有审查制度，在好莱坞也要把握好一个度。《无间道》是一个好例子，在原版三部曲里，刘德华的角色虽然在第一部躲过了制裁，但在第三部得到了应得的报应，而在内地的版本，第一部里刘德华的角色在杀死梁朝伟后就被抓了，而改编的好莱坞《无间道风云》，麦迪文（即原版刘德华的角色）也被一个警探杀死了。作为文艺作品，纵使不释放正能量，也不能宣扬邪恶。

以魔幻的方式让感觉形象化

朱郁文：《摇摇王》在我看来表现的也是一个困在自己过去心结的人，不过这个心结是通过超现实的方式让主人公回到过去而解开的。为什么要用这种不太容易理解的方式去写主人公的心路历程？

太　皮：《摇摇王》的情节有些是我本人的经历。小说提到的心结中有的是我自己的，如那个抢玩具的情节，其实我是那个加害者，那是我成长过程中少有作为负面人物出现的时候。那件事一直藏在我心里，并令我愧疚。有些事情，要靠说故事来为自己解套。一个人有太多难言之隐，将来，我还会这么迂回地写，解开自己的心结。直白地说出来，不一定能起到疗伤的作用，倒是这样透过故事的投射，可以更清楚地认识自己。

朱郁文：您的几部小说都有人死后灵魂不灭的情节，如《替身》《报复》《飞走的泳棚》等，给人一种极不真实的感觉，这样处理的目的是什么？如何看待人的肉体和灵魂的关系？

太　皮：其实还可以细分，《替身》就是通俗的鬼故事，《报复》是用奇幻的方式来说报应，《飞走的泳棚》就类似魔幻现实主义了。我并没有考虑写作意图，只是想到一个故事，便写出来，如此而已。

以唯物论来说，这些也许不真实，但神怪之说占据人们的文艺想象，一直是用来托付思想的重要方式。我很喜欢《飞走的泳棚》，万物有灵，而所有灵都是善良的。按照魔幻现实主义的描写手法，人与灵体是可以存于一个时空的，这与我们中国的传统也是一样的，我们敬拜祖先，一来相信他们已逝去，但又相信他们在身边看着我们。一个有机体或无机体在消失以后，只要你的感情强烈，你总认为其仍然存在。将这种感觉形象化，就会看到《飞走的泳棚》中的场面。

不靠文学生存，更看重自己的感受

朱郁文：对照您的诗集《一向年光有限身》和小说文本，我觉得风格差别还是挺大的，对您而言写诗与写小说有什么不一样？

太　皮：诗和小说本就是两种不同的文体，有差异是正常的吧。但在我看来，差异并没有那么大。无论写诗或写小说，都要求智慧和灵感，不同的是，写小说还是一项体力活。写诗会更直面自己，有赤子之心，我真诚地把自己的声音说给受众听，当然，有时要由读者自己去理解；写小说可以抽离，而且我不一定是用自己的角度来说故事。

朱郁文：您在诗集后记里说："诗人必须要有超越和作为异端的勇气。"怎么理解"超越"和"异端"？

太　皮：所谓"超越和作为异端的勇气"，可以有两个方面的解读，一方面是在艺术上，不能墨守成规，要勇于突破；另一方面是在社会生活上，诗人应该可以尽量地介入社会，运用其影响力。可是，这些我都没有。

不同的人对诗人的定义不同。诗人的心情舒畅，诗歌也许在艺术上会突破，但是否也缺乏灵性呢？是否伟大呢？我不知道，那是我一时的思考，也许不对。

朱郁文：您年轻的时候曾经在网络上写博文，表达对现实的不满，您觉得现在的创作跟博客时代有什么不同？在文学与现实的关系上，您觉得应该是保持疏离还是积极介入？

太　皮：我以前比较肆无忌惮，很喜欢讲粗话，后来返回去看，自己确实感到汗颜，大部分都删除了。如今仍在报章写专栏，但考虑得已比较周全，一来工作已不容许我无所顾忌，二来也更多地发现自己的不足。由于我只是庸碌于日常，无论是过去或是现在，纵然偶有获奖，但我始终为自己写不出更优秀的作品而懊恼。

文学已变得小众，像当年《白鹿原》《废都》《平凡的世界》

等现象级的小说，现在已经再难出现。当前，民众的思想感情获得实时反馈的方式很多，先不说那些社交网络上的短视频，单就公众号和长微博的文字，已经争分夺秒地为我们的感受代言。有些你说是文学也可，说不是文学也可。有些作家的文字对社会有影响，但这样的文字是否就是文学呢？不同的人有不同的看法。

在澳门，文学更加小众，在最低限度取悦读者的情况下，我更看重自己的感受，毕竟我不是靠文学创作来生存。于我而言，能坚持写出情节精彩、文笔流畅、能触动读者的作品就好。

朱郁文：就小说创作而言，您觉得题材（内容）上的新与表现形式（手法）上的新，哪一个更重要？您是否有刻意往这两方面或其中一个方面努力？

太　皮：我认为形式应该为内容服务，我至今仍在使用不同的手法，因为我在写不同的故事。我不抗拒任何写作手法与风格，只要能够为我的故事服务，我就采用，如此一来，我的作品就不能归为任何一类，因为我只是借用那些手法。

在题材方面，实在很难说新，我曾构思不同的内容，当我想写某个内容时，十分幸运地发现一些电影或小说已采用了，为避免被人说抄袭，有时集中写澳门故事，也可能是一种保护机制，毕竟那更多是个人独特的体验与观察。

借小说人物表达人与城市的羁绊

朱郁文：《绿毡上的囚徒》这个小说，如果不仔细阅读就很难发现这个名字跟小说主题之间的联系，"绿毡"一说来自在介绍小说主人公菲拿度和澳门（Macau）名字的来历时，所穿插的一个故事，我想知道，您为什么给小说起这个名字？它的深层寓意是什么？

太　皮：你说的应该是指它出自《聊斋志异》的《红毛毡》①故事。其实这个故事与澳门被占据的历史很像，当年葡萄牙人就是借口租借妈阁庙岸边的土地晒货物，透过贿赂明清政府官员的方式，慢慢占据澳门。红毛是以前对西洋人的泛称，我觉得这分明说的就是澳门。

澳门特别行政区区旗的主体颜色是绿色，"绿毡"可以看作澳门的象征，"囚徒"某种程度上可说是澳门人。澳门那么小，作为一个高度自治的地区，可以说是优势，也可以说是局限。我想表达的是书中所代表的各种人物与这个城市的羁绊，是一种甘愿为囚徒的状况。

澳门人过客心态很重，传统上是内地与世界的一个连接，所以，就算是生于斯长于斯的人，也会有要离开这块蕞尔之地的心态，至少不会以主体的方式看待自己的城市。因此，我强调羁绊，就是强调人与城市的联系。

读者可以有自己的见解，小说中暗喻和留白的地方不少，也有一些互文性的地方，如囚徒困境，或者我用张莉老师的话说，这是一部"气质芜杂"的小说。《水浒传》也是气质芜杂的，所以我很喜欢这个评价。

---

① 《红毛毡》原文：红毛国，旧许与中国相贸易。边帅见其众，不许登岸。红毛人固请："赐一毡地足矣。"帅思一毡所容无几，许之。其人置毡岸上，仅容二人；拉之，容四五人；且拉且登，顷刻毡大亩许，已数百人矣。短刃并发，出于不意，被掠数里而去。

朱郁文：您的作品提及最多的人物活动空间是赌场，小说里很多人物是荷官或者曾经是荷官，看起来荷官是一个相对较底层但收入还不错的职业，而且很多人愿意去做。写这类人物和题材跟您的人生经历是否有关？博彩对澳门社会和澳门人的影响到底有多大？

太　皮：在澳门从事旅游、博彩相关行业的人是澳门的主要就业群体，而荷官又是当中的主力，澳门的故事绕不开荷官，在澳门，我的朋友和家人都有从事荷官的，这当然是我人生经历的一部分。博彩业营业收入是澳门的主要财政收入，其影响是绝对的。其实写澳门的生活就可能写到荷官，写荷官就是写澳门的生活，刻意回避，要么是矫情，要么就是生活在不同的阶层。当然，我的作品中并没有过多提及荷官，但荷官和博彩从业员仍会是我今后创作关注的对象。

朱郁文：您在小说中很多时候会写到人物对社会现状的不满，比如社会的浮躁、商业社会的尔虞我诈、阶层的不流动、金钱至上、心灵世界的空虚、传统的消失等，这些是澳门（某个阶段）的真实状况吗？现实世界跟您的小说世界是一种什么样的对应关系？

太　皮：澳门是个温情的社会，但人类一切负面的东西，在澳门也一样存在，尤其是经济发展以来，巨大的贫富差距使社会矛盾日渐加剧，但除了曾经有一些激烈的社会冲突外，澳门总体上来说是较为平和的。澳门是一个双面的社会。这里的人都很保守，保守就意味着守规矩，不会做出格的事情。况且，地方小，人与人的关系十分密切，很多事情只是看到眼里，不会声张。

一些澳门人不会表现出来的事情，我在小说中会做一些温和的揭露，尽管澳门人未必承认。

朱郁文：您小说的故事主要是发生在澳门，另外还涉及珠海、广州、上海、苏州、武汉这些城市，我想知道，就地域而言，哪些城市（地方）对您的成长和对社会的认知有比较大的影响，这些城市（地方）对您写作的影响具体体现是什么？

太　皮：珠海和澳门关系密切，以前我每年都会有数十天前往珠海，不做深层次描写的话，珠海是可以书写的；我在苏州读大学，对苏州的环境比较熟悉，一定程度上可保障真实性；广州和上海是我经常去的，作为小说背景可以简略地写一下。以前在澳门生活，眼界是局限的，后来到苏州上大学，对我们的祖国才有了比较多的见解，没有苏州的生活我就不可能成为一个作家。这些主要得益于后来做了记者，跑遍大江南北，对祖国进一步加深了认识。

除非虚构，否则写现实小说一定得有事实根据。举个例子，我看香港影视、读香港的书刊长大，我始终未在香港正式生活过，我实在难有信心写出以香港为背景的小说，要写，我最起码得过去住一两个月。我没办法写有关内地农村的作品，因为我没有这样的生活经历，我未来仍会以写澳门故事为主。我想，在现实生活中，我们有省籍和户口的限制，文学创作其实也有这些限制。我是用粤语的书面语写作的，只有在写一些重要作品或者在内地出书时，才会用规范普通话审读一次，而现在内地文学是以普通话为主导的，粤语的语境已经不能描述大部分的内地生活。

当然，通俗的武侠和科幻小说可以打破这些限制，但若有机会，我还是想写一部打破地域局限的严肃文学作品。

在澳门，写作无名无利，只靠一份热心

朱郁文：关于您作品的评论，目前我所查到的只有内地的张莉教授写的一篇文章，当然还有两位澳门评论家（廖子馨、汤梅笑）为您的书写的序言。除此之外，还有没有其他评论家和读者对您作品的反馈？具体是怎样的？您怎样看待这些声音？

太　皮：评论澳门文学的文章不多，评论我的就更少了。偶尔搜索一些内地评论人写的有关澳门文学的文章，会看到不少人仍使用刘登翰先生有关澳门文学史的框架，对回归后的澳门文学缺乏认识，其实近二十年澳门文学有较大的发展，部分作品的水平绝对对得起读者。

台湾有一位长期研究澳门文学的学者——张堂錡先生，他写了不少有关澳门文学的评论，曾出版《边缘的丰饶》，其内容主要是评论澳门文学，当中也评论了我的小说。至于澳门的学者，评论澳门文学的不是很多。我对这种情况不是很介意，只要到了一定时间，有些东西就值钱了，好像一张平平无奇的清朝照片，也会变得难能可贵。假以时日，本地学者评论澳门文学的情况相信会变得普通。

现况是，评论澳门文学作品的澳门人大多是作家同行，免不了会客气，平辈的话几乎不会批评，前辈大概会说作品仍有不足之类的话。我觉得自己的作品有可读性，但当看到别人优秀的作品时，就会失去信心，这也是我近两三年来在小说创作上近乎偃旗息鼓的原因。

我几乎每年都会接受一些硕士、博士研究生的采访，为其写学术论文准备素材，但那些论文大多没有发表。

朱郁文：除了极少数研究澳门文学的学者之外，内地这边对澳门文学还是比较陌生的，澳门目前的文学生态是怎样的？文学在整个澳门社会占有什么样的位置和影响？与内地、香港的文学相比，澳门文学有自己的特点和优势吗？

太　皮：澳门的文学现状，刚才我已谈过一些。由于澳门是小城，圈子较小，写作者的关系是比较密切的，也比较和气。由于市场小，无论写作或出版，其或多或少都有作者的一份使命感。市侩一点看，一篇文章的稿费不一定比一个作者的时薪高，写作者都是十分热心的，澳门人害怕出名，因此，写作于他们来说，名和利基本没有，背后也没有商业操作。

澳门文学有一个特色是副刊文学比较发达且成熟，以《澳门日报》的副刊为例，或多或少对社会仍起到影响，当然，这种影响是比较温和的。

澳门文学的特点，可用张堂錡在《边缘的丰饶》中所归纳的四点来看，分别是殖民/移民色彩、过客/边缘心态、小城/华人传统、商业/报刊性格。我觉得他的归纳是很恰当的。至于澳门文学的优势，是可以兼容并蓄，最少可以集内地、台湾及香港文学之长，说澳门自己的故事。澳门故事说得好，或者敢说出来，是可以精彩绝伦的。只是话说回来，澳门的写作人没有生存问题，又无名无利，而只靠一份热心，不知能否催生出一部伟大作品。

当然，我不能代表其他澳门作家说话，这只是我自己的看法。

朱郁文：您有没有跟内地及其他地方的文学界有过交流交往？有什么样的感受？

太　皮：澳门笔会是澳门主要的作家团体，新冠肺炎疫情前我们会通过中国作协或地方的作家团体，组织交流活动，我作为澳门笔会的理事，也曾参与，有一些活动是我们到外地去，有一些则是把外地文学界人士请进来，在这个过程中我认识了不少同行。也因为参加文学比赛，与作为评委的内地作家结识。由葡语社群举办的"澳门文学节"，也会广邀不同国家和地区的作家参加，如此澳门作家便有机会接触更多同行。

碍于自己水平，除少数作家同行外，我一般不敢深交。不过，澳门其他作家与内地、港台作家都有各自深入的联系，情况还是不错的。

我的感受是，外地文学界人士对澳门作家都比较客气。

（原载于中国作家网，http：//www.chinawriter.com.cn/n1/2022/0510/c405057-32418681.html）

丁燕：诗人、作家。20 世纪 70 年代生于新疆哈密。1993—2010 年在新疆维吾尔自治区乌鲁木齐市生活，随后定居广东省东莞市。中国作家协会会员，广东省作家协会理事，广东省作家协会报告文学创作委员会副主任。出版有《西北偏北，岭南以南——一代人迁移中的心灵史》《沙孜湖》《王洛宾音乐地图》《双重生活》等作品。曾获全国鲁迅文学奖提名奖、文津图书奖、徐迟报告文学奖、百花文学奖、广东省鲁迅文学艺术奖、广东省"九江龙"散文奖、东莞文学艺术奖等多个奖项。

丁燕：介入的姿态与生长的经验

苏沙丽×丁　燕

在大湾区文学图景中，丁燕的"工厂三部曲"——《工厂女孩》《工厂男孩》《工厂爱情》耗时近十年，这些作品不仅让"东莞"这座城市的社会学与文学地标的意义更加丰富且鲜明，也见证了作家丁燕在个体人生与写作生涯方面的转型。迁徙纵然是众多现代人不可逾越的宿命，丁燕却在流动的现代性中为写作寻回了根据地，它面向我们置身的转型时代和愈来愈壮大的城市，还有我们无从掩饰的精神创伤。

身份、迁徙与南方

苏沙丽：2010 年时，您是遇到怎样的契机，最后决心南下的呢？这之前的经历是怎样的？

丁　燕：20 世纪 70 年代，我出生在新疆东部的小城哈密，在一座有着葡萄架的农家小院里度过了童年和少年时期。我发表处女作——中篇小说《哦，玫瑰》——时才 16 岁，是个高一学生。1993 年大学毕业后，我在乌鲁木齐的一家报社工作，在那座被称为"亚洲中心"的城市生活了 17 年。不惑之年，我做出了举家南迁的决定。2010 年 8 月，我们一家三口来到广东后，先在深圳暂居数月，最终在东莞定居下来。我最重要的作品"工厂三部曲"便是取材于东莞生活，并在东莞创作完成的。可以说，如果没有选择定居东莞，我的人生和创作都不会成为现在这个模样。南迁之前，我的创作以诗歌为主；南迁之后，我的创作转向了非虚构写作。这是我自觉自愿且发自肺腑的转变，人们在面对草原、戈壁和雪山时会自然地吟诵起诗歌，而面对厢式货车和流水线，诗歌的表达就显得格外有限。

苏沙丽：在《双重生活》这本书里，您这样写道："当我在修改那些文字时，我同时，也在修改自己的命运。"南下 10 年，您是否已经适应这里的生活，这些年的行走给您的生活与写作都带来了哪些变化，能具体说说吗？

丁　燕：从西北迁徙到岭南，不只是从一个城市迁徙到另一个城市，更重要的是从温带地区迁徙到热带地区，从不发达的边疆地区迁徙到发达的沿海地区，从多民族的聚居区迁徙到以汉族人口为主的地区。从乌鲁木齐地窝堡机场到深圳宝安机场约有 5 000 公里，然而对我而言，地理的大挪移不仅让眼前的景色从姜黄变成浓绿，而且让内心仿佛发生了"8 级大地震"。此前的经验全部消解为零，我成了一个赤裸裸的新人——我听不懂粤语，不会煲汤，不知菜场的鱼叫什么名字，不懂南方人的喜好，不明白在燥热潮湿的环境中如何创作。在最初的两年时间里，我一直处于调整和适应中——从买东西时的公斤调整为斤，从坦然笃定调整为谨小慎微——感觉被周围的环境碰得头破血流。一个外来者必然会遭到抵抗，无论那排斥的力量是来自明处还是来自暗处。但是，我从未想过要重返新疆。既然踏出了离家的第一步，我便要在异乡适应下来，决不能无功而返。

2011—2012年，我开始着手创作《工厂女孩》，在阅读了大量相关资料后，我决定到东莞市樟木头镇去打工。我在三个工厂干了大半年时间，并将这些经历记录了下来。这部作品于2013年出版后，引起了较大反响，获得了读者和评论界的双重好评，这让我建立了创作上的自信心。2014—2015年，我开始创作《工厂男孩》，为了方便晚上到男工宿舍采访，我搬进樟木头镇电子厂的女工宿舍，在这两年时间里积累了相当数量的素材。2016年出版了《工厂男孩》后，我感到意犹未尽，又开始"跟踪"在电子厂结识的某位男工，并和他建立长期联系，最终完成了长篇小说《工厂爱情》，这部作品于2019年在《作家》杂志上得以发表。"工厂三部曲"的创作，前后共耗费了我近10年时间。这是一段十分艰苦的岁月——我跌跌撞撞，克服了千难万难，依靠微弱的个人之力，硬是在原本陌生的题材里找到了一块自己的小天地。我克服了太多来自生活、采访和写作的困难，现在想想都觉得后怕，那时真是有一种豁出去的劲头。生活是一个圣诞老人，永远都是"索一奉十，索百奉千"，虽然扎根工厂的日子相当艰苦和难熬，但是在这样一通扑腾后，我终于摸索到属于自己的创作风格。写作的秘密虽然深奥，一旦顿悟，却又像打开了天窗，感觉无所不能写。

在新疆，我基本上是一个地方性作家，但在东莞这10年，让我的创作从地方走向了全国——我是在定居到这座东江边的城市后，才真正确立了自己作为作家的价值。为此，我深深地感激东莞——它像养母，给了我第二次生命，然而，我永远都不会忘记新疆，它是我的生母。有读者在读了我的作品后，提到了这样一个奇怪的现象——"无论你写什么内容，你都会谈到新疆"。我承认：是的。因为新疆是我精神的铁资本，新疆生活是我最熟悉和最擅长的领域，这些生活是我和其他作家得以区别的标志性内容，我感觉新疆大地给予我的是某种坚硬的阳刚气质，而我潜藏的女性阴柔气质是在岭南得以发现并被拓展的。我的迁徙经历不仅让我遭受西北和岭南的地区撞击，还遭受了阳刚和阴柔的气场撞击，我原本的性格偏急躁，在接纳了丰沛雨水的滋润后，现在变得柔和圆通起来。这些变化深刻地影响了我的文字，并最终形成了一种刚柔并济、雌雄同体、南北混合的中性风格。

　　苏沙丽：行走、迁徙，让您的人生与写作有了如此大的"改观"，我也确实能够从作品的字里行间感受到您的那种挣扎、矛盾，还有不屈从于现实的韧劲。近些年非虚构文学兴起，您的"工厂系列"写作也是其中的一道风景线。就这些关注珠江三角洲与打工群体的作品中，以我的观察，有两类写作者，一是知识者；二是体验者（打工者），您融合了二者身份。您在来东莞之前就已经是一位作家，有着丰富的创作经验，在创作"工厂系列"作品前又置身工厂内部，获得最切实的体验。您是怎样看待这二者身份的融合，这之间有怎样的矛盾？

　　丁　燕：我在新疆的创作以诗歌为主。我的代表作可以是那一百首以"葡萄"为题的诗歌。然而到东莞后，我将目光投向了农民工进城的题材。后来，我的"工厂三部曲"被某些评论家归纳到打工文学中，但在创作之初，我其实并没有多想，而是凭直觉预测这类题材我更容易把握。在我看来，打工文学的兴起和中国社会的转型密不可分，城市化进程促使一批身份是农民的人进入城市，干着工人的活计。劳动力的转移不仅带来人们身份的变迁，还造成乡村青壮年人口流失，致使"空心化"成为普遍现象，城市民众既对农民工的存在有依赖性，但又存在一定的歧视等问题。

这种剧烈的城乡变迁并非中国特有。在瓦特改良蒸汽机之后，整个西方社会开始了工业化进程，大批农民进城，而农民进城带来的诸多问题曾深深困扰过英国、法国和美国等国家。在狄更斯的笔下，伦敦是一个充满雾霾的城市，正经历着工业化前期的阵痛，而他对雾霾的心态是又恨又爱；而在德莱塞笔下，嘉莉妹妹是一个乡下女孩，到了城市后当上了鞋厂女工，后又经过各种奋斗最终出人头地。事实上，全世界的农民为了生存，都进行着最为艰辛的努力。他们人数众多，浩浩荡荡，其中的一部分人最终在城市定居下来，而另一些人又重返农村，开始了新的耕耘。随着中国城市化进程的推进，农民离开土地到城市打工依旧是大势所趋，所以事实上，中国的打工文学尚处于发展阶段，也许在未来的某个时日，会出现像《雾都孤儿》《嘉莉妹妹》这样的经典之作。

我从小生活在农村，后来又加入南迁大军，故而，我对农民工进城的题材有着一种天然的亲切感。目前出现在中国的打工作品大致可分为两大类：一类是打工者自己创作的以打工为内容的作品；另一类是非打工者创作的以打工为内容的作品。事实上，就文学作品而言，作者的身份并不重要，重要的是你所呈现的文本是否具有真正的文学性，是否能真正地打动读者，是否能经得起各种研读和探究，并最终被经典化。如果作品只是停留在初级阶段的描摹状态，便无法走入文学的殿堂。目前中国打工文学的经典作品尚不算多，这个类型还有大片可以开疆拓土的区域。

苏沙丽：没错，打工文学的经典之作并不多，艺术上也会有粗糙之感，眼下它的大势似乎已去，我们谈论更多的可能是城市文学。作为一位从乡村到城市、从西北到岭南，见证中国转型的记录者，您在写作工厂系列作品时，不只是在写打工群体，您对自身的感受与体验也毫不遮掩，因而我在您的作品中重新读到了知识者的漂泊经历及情感，并非在刻意强调或渲染这样一种氛围，而是您自身的经历跟这个时代的迁徙者的命运有着共振效应，或者说我们每一个人都置身在这样一个流动的时代当中，您怎样看待我们身上的这种漂泊感？

丁　燕：我在创作"工厂三部曲"等关注农民工进城的题材之外，还创作了大量散文，集中描述了我在南迁生活中的种种遭际。我已出版了散文集《双重生活》，并即将于 2020 年出版散文集《西北偏北，岭南以南——一代人迁移中的心灵史》，这两本书集中容纳了我的这类作品。我觉得我是个"极繁主义者"——我喜欢澎湃而饱满的表达，喜欢将看到的都说尽、说透而不愿留白，我的创作更像油画而不是国画。我觉得这种风格和我从小生活在颜色浓烈的地方有关，新疆的大地和天空都是浓墨重彩、大红大绿，而新疆人的情感也都是大开大合、爱恨强烈，这些元素培育和塑造了我激越浪漫的一面，这种野性是到了岭南后才得以梳理的，并最终被收束进东江之水中。岭南的斜风细雨自有其特殊韵味，需长时间浸淫才能获其真谛。

我觉得作家必须有洞察他者的能力，还要有剖析自己的能力，因为聆听他人和审视自己同样重要。我注重从个体经历中提炼素材，并不是因为我自大地认为我的个人经历比别人更重要，而是我觉得作家要能从个体经历中提取与整个时代同频共振的经验，再把它描述出来。事实上，这并不是一件容易的事。作家不仅要能从日常生活的琐碎中挣脱出来，还要能穿过小情小调的温情迷雾，对整个时代的方向有宏观把握，并以世界性的目光考量自己的生活。若没有大格局、大胸怀，纯粹地描述个人经历，只能陷入庸常，没有多少文学价值。

苏沙丽：我想，随着行走、迁徙获取的人生经验对于一个作家而言，是一种不断生长的创作经验，这给予了您的文学创作第二次光芒或者说灵感。在城市及城市文学崛起之前，我们谈到的往往是乡土及地方性经验，"故乡"很容易就成为许多作家的写作根据地，而您在一种流动的现代性中找到了属于自己的阵地。当然，您作品中的内省、对自己心路的袒露，既是一种难得的"问题意识"，另一种乡愁，一种心底的良知，也是一种可以作为对照的文本，与您所观照的书写对象一起共同构建这个时代的精神面相。

人、城市与工业社会

苏沙丽：在《工厂女孩》《工厂男孩》中，"60后""70后""80后""90后"这四代人，在您的作品中都被给予了充分关注与书写，他们在人生观、消费观，以及对今后人生的规划上都不尽相同，但都无法逃脱漂泊离散的命运。若归去，家乡或许已经不在，与孩子、父母之间的亲人关系已趋破裂冷漠；若留下，随着年龄的增长、工业制度的变迁，他们的优势无法让他们在城市获得更长足的保障。他们的经历及命运也许就是这个社会转型期必经的阵痛，也许也是每一代人匍匐向前必经的弯曲，对此您是怎样看待的呢？

丁　燕：我的"工厂三部曲"——《工厂女孩》《工厂男孩》和《工厂爱情》——所关注的农民工，跨越了第一代农民工和第二代农民工，年龄上从"60后"到"90后"都有。第一代农民工的特点是吃苦耐劳，他们一心一意地努力赚钱，为了补贴家用；第二代农民工的诉求更为多样，他们渴望生活更丰富，渴望能留在城市。然而，因为我不是政治学家，也不是经济学家，我所能做到的只是将自己目睹的人和事以文学的方式表达出来。至于解决农民工进城后遇到的那些系列问题，将是一个极为复杂的系统工程，它需要多个部门和各方面专家来考量和论证，让这个问题在很短的时间内就发生改变是不现实的，因为农民工是一个数量庞大的群体，涉及社会的各个层面。然而，这并不表明文学创作就因此而丧失了意义。

在这样一个剧烈变迁的时代，我觉得作家不仅要关注现实、介入现实，还应该看到事件中人物内心的隐痛。我们的现实生活其实充满了很多无形的隔阂——很多人在心理上是排斥农民工的，而大多数农民工学历低，没有话语权，所以，他们的经历和感受不能被更多的人了解。然而，这样一个庞大的群体已然充斥在城市的各个角落，是一个不容被忽视的存在。

事实上，从第一代打工者到新生代农民工，农民工的生存状态和心理状态都发生了很大改变。最终，打工者是留在城市还是回到乡村，要看整个社会的发展，如果仅仅只是解决了城市户口，对很多农民工来说并没有吸引力，乡村是农民的根基所在，那里有土地，也有亲人，不到万不得已，他们不会选择离开，所以，摇摆在城市与乡村的打工生活可能在未来的时日里不会很快消失。我觉得打工文学应该进一步深化，写出更为复杂的人性和更加多变的生活现场。

苏沙丽：通过对这四代人的写照，您的作品中显示了关于中国传统伦理情感的变迁，如果说多年前费孝通在写《乡土中国》时，看到乡村精英的流失对乡村造成的损失是外在的，那么现代化、工业制度带来的流徙及情感结构的变迁则是乡村内部的损失。在中国的语境里，乡村与城市有着无法剥离的互文性关系，这些年探访这四代人，亲身体验工业制度之后，您对乡村与城市的关联是否有新的看法？

丁　燕：我出生在新疆哈密的城郊，有着二十多年的乡村生活经历，深受乡村生活的熏陶，然而在经过"工厂三部曲"的创作后，我深深地感到城市化是不可阻挡的大势。在未来的发展中，城市依旧会像磁铁一样，吸附更多各类人群，其中也包括乡村农民。目前，中国城市化的程度还没有达到饱和状态，所以城市还具有相当大的魅力，很多农民离开乡村后，未来的乡村可能会呈现出地广人稀的状态。如果乡村农民变少了，可能更利于乡村实行规模化和机械化，而这个时候，城市要拿出足够的吸引力和诚意真正留住农民，让他们蜕变为市民，以维持城市机体的运转。事实上，城市和乡村是一个钱币的正反面，它们有着隐秘的制衡关系，最终，城市和乡村要在协调中共同发展，才会出现双赢的局面。

苏沙丽：您关注并采访过许多人，现在跟他们还有联系吗？或者说，他们在工厂或离开工厂后的命运是否依然会进入您后面的写作中？

丁　燕：事实上，农民务工者在工厂的流动性很大，尤其是新生代农民工，他们跳槽的概率比上一代更高。最初，我和采访对象是通过手机建立联系，后来，我发现因为他们频繁跳槽，所以，他们的通信方式并不依赖于电话，反而更依赖 QQ，他们不喜欢微博和微信，故而在采访时，我通常会问他们要 QQ 号。但是，在采访后的一两年时间里，我和很多人都失去了联系。现在，当我用近 10 年时间完成"工厂三部曲"的创作后，我可能会暂时告别这个题材，开拓其他领域。但这也不能保证，或许在未来的某个时日，我会重新再回到这个题材。作家的创作有时是天时、地利、人和共同促成的，它有必然性，也有偶然性。

苏沙丽：现代化比较明显的标志就是城市化与工业化，在工厂系列作品及《双重生活》中，除了对人的观察，您也有对城市与工业社会的观察，一方面您是与之前生活过的北方城市有一个比较的视野，是地域、气候、文化、饮食等方面的比较；另一方面则是观察中国现代城市的形成。东莞是一个现代城市形成的样本，在您的作品中也有很多侧面的展现，从市容、当地居民生活及观念的变迁、工业制度、住房等来描述，这种记录可以说跟其他城市文学的书写是不一样的，能够让我们看到最真实也是最细微的城市、乡镇蜕变。您直面这些变化，是否有喜悦与担忧，能具体谈谈吗？

丁　燕： 在未来的创作中，我会格外关注"城市"这个话题。随着城市化进程的推进，生活在城市的人口将会越来越多。现代生活的好处之一是人们可自由地选择自己想要生活的城市，而不一定非要生活在自己的出生地。对作家来讲，城市不仅是生活的地方，还是观察的对象。其实，作家和城市之间是相辅相成的，到现在为止，伦敦还是狄更斯的伦敦，因为没有人能比狄更斯更了解伦敦。我觉得自己和东莞有一种命定的关系，因为机缘巧合，我来到了这座城市，并定居了下来。在这 10 年里，我全部的创作都和东莞有密切关系。

在我看来，东莞是一座处于发展过程中的城市。它既不像"北上广深"这些特大城市那样具有很高的城市化程度，又和中国的内地城市大不相同。截至 2020 年，东莞常住人口近 1 000 万，其中流动人口约 900 万，为什么如此之多的人愿意生活在这座城市，其核心秘密是什么？在我看来，探究东莞的城市秘密，就是探究中国现代化进程的秘密。我在《东莞转身》这部非虚构作品中提到，城市和人一样，都有独特的个性和气质，我出生于新疆哈密市，那是一个日照时间长、水果格外香甜的绿洲小城；后来工作和生活的城市是乌鲁木齐，它既是新疆的首府，也是位于亚洲中心的城市，还是距离海洋最为遥远的中国城市；我现在生活的东莞，是中国的新一线城市，工厂和酒店是这座城市的地标式建筑，同时，这里蕴藏着深厚的岭南文化，在东莞的摩天大厦背后，也许就是拥有 800 年历史的古村落，这些村落至今仍保存完好。相较于那些特大城市，东莞是一个更适合居住和写作的城市。

苏沙丽：我常在想，对于北京、上海、广州这些一线城市，或者像南京、苏州等这些古城，我们的文学中有太多的描写，作家们呈现的一帧帧城市意象，我们都已经很熟悉。而像东莞、佛山这样在城市化进程中出现的新城所呈现的城市品格及意象，还需要更深入的书写，城市文学发展到今天或许仍然没有呈现出真正的中国城市文学的精神。这些城市不仅意味着中国式城市的生长与崛起，而且城市生活中折射出的中国社会转型期间的人性与世事变化，需要社会学与文学的还原与研究，这也是我认同您刚讲过的打工文学的不足，以及当下我们谈论更多的城市文学还有很大拓展空间的原因。

东莞作为您文学世界的背景，有一种难以抹去的灰色调，夹杂着社会及个体的精神伤痕，更具体地说，建立在工业制度及制造业、大量流动人口的新城市，或许就是当下一些城市的模型，也是当下中国城市的雏形。您对此的书写恰恰是社会学与文学的结合，让我们感知到了城市的外在与内里。因此，在我看来，"工厂三部曲"既是对社会与文学意义上的东莞的塑形，也是对中国现代城市及工业制度的反思，不管是文学意象折射的精神创伤，还是社会意义上所表征的庞杂问题，都值得我们深思。而这种深度，也是目前的文学作品不具备的。

文体与今后的创作

苏沙丽：关于工厂及底层生活的题材，郑小琼通过诗歌来表达，王十月则是用小说，萧相风用的是非虚构的方式，您之前是写诗的，面对这一题材，采取的也是非虚构的方式进行直录，哪怕是在《工厂爱情》这样的小说里，也可以感受到《工厂女孩》《工厂男孩》的叙事风格，是您主动选择了这样一种文体，还是您想要表达的内容让您不得不选择这样一种文体？在开始写作时，有过对文体选择的困惑吗？

丁　燕：文体的转换和作家的境遇有着非常直接的联系。我出生在一个绿洲小城，青年时期在一个边疆地区的多民族混居之城工作，之后当我来到厢式货车呼啸的海边城市时，感觉反差巨大。新疆人喜欢在葡萄架下吃饭，而且在吃饭时经常会载歌载舞，当我在樟木头镇的街道上看到端着饭盒边走边吃的工人时，感觉十分扎眼。那一刻，我觉得诗歌的篮子实在太小，无法承担我所目睹的生活现场，面对这种突变，我觉得非虚构这种文体也许更适合表达。在岭南生活了五六年后，我开始创作长篇小说《工厂爱情》，选择这个时候下笔，我的内心不会太胆怯，在今后的创作中，我可能还是会以非虚构写作为主。我觉得每个作家选择什么样的文体，其实和其个性、生命经验、成长环境及接受的教育都有关系。相对于书斋型的作家来说，我曾有过多年的采访经验，故而在进入非虚构类型的创作时，感觉得心应手。

苏沙丽：《工厂女孩》《工厂男孩》《工厂爱情》可以说是一个比较全面的工厂系列作品，您目前与今后的写作有什么规划吗？是否可以提前说说呢？

丁　燕：我刚刚创作一部书稿，名为《东莞转身》，是描述东莞城市转型的一部非虚构作品，我的散文集《西北偏北，岭南以南——一代人迁移中的心灵史》出版在即。我觉得作家的具体创作往往带有很明显的偶然性，所以，我很难预测自己将来要具体写些什么，那得看我会经历什么，但是，我创作的大方向是不会发生改变的。在未来，我的创作方向会从"工厂三部曲"继续向前延伸，将城乡巨变作为主要的观察点，考量其引发的"迁徙"现象，并围绕"身份焦虑"展开深入的创作。同时，我会关注"城市"和"女性"这两个话题，以及由此而波及的一些子话题。总的来说，我不喜欢凌空蹈虚式的创作，更喜欢探究与个人遭际有关的话题，写作不仅是一种表达的本能和技巧，而且是一种情怀，我希望我的作品能写出这个时代的痛感，希望自己能摆脱女作家惯常的蜻蜓点水或阳春白雪的格调，而使格调更沉郁博大，更具中性色彩。

苏沙丽：期待早日读到您的新作，也期待看到您更多的作品，再次感谢您接受采访。

（原载于《粤海风》2020 年第 6 期，有改动）

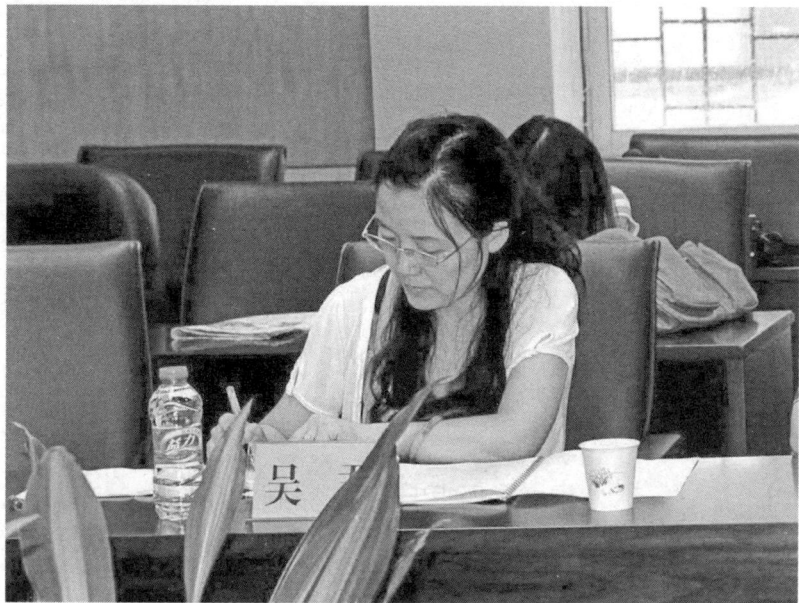

　　吴君：现居深圳，中国作家协会会员。著有小说《我们不是一个人类》《亲爱的深圳》《皇后大道》等。出版小说专著 10 部，根据小说改编并公映公演的影视作品、舞台剧 4 部。部分作品译成英、俄、蒙等文字，入选《百年百部中篇正典》"中国改革开放 40 年文库""新中国 70 年 70 部优秀作品文库"。曾获中国小说双年奖、百花文学奖、北京文学奖、《北京文学》中篇小说月报奖、广东省鲁迅文学艺术奖等。

吴君：倾听一座城市的低语

苏沙丽 × 吴　君

起点、回归与写作根据地

苏沙丽（以下简称"苏"）：在长篇小说《我们不是一个人类》的创作谈中，您说到这部小说让您意识到是以写作者的身份来思考问题，真正面对生活、居住的这座城市——深圳，我想这是一个值得纪念的时刻，不只是您重新寻回了写作的信心与勇气，更重要的是意味着找寻到了写作根据地及其新的起点，还记得您在此之前的写作状态吗？能否跟我们描述一下？

吴　君：我曾经有长达十年的时间，游离于写作之外。那时候压力比较大，除了为生存而必须完成超负荷的工作，还经常下到企业，有时回家已经很晚了，就想躺一会儿，把自己的"脑频道"调整到文学上来。可是，我常常调着调着就睡着了。而且，那时对整个深圳的文学气候，我表现出的是水土不服和格格不入；沿海地区的节奏和震荡曾经使读书和写作变成奢侈，更显得无力和可笑。我虽然总想点灯熬油、竭尽全力，但很可能只是一种无意义的劳作，甚至觉得唯有学习一门生存技术才能找到安全感。朋友们聊天时也从不涉及文学，似乎我们都在逃避，文学成了每个人的隐痛和旧伤。与此同时，写作和发稿的折磨让我在不断地怀疑和否定中失去了所有的自信，走在南方被烈日暴晒过的街道，我一次次问自己还要不要写，因为再也耽搁不起了。我知道，写作大事，仅有理想和自恋是不行的，就在我的文学脉象日渐虚弱之时，流浪在外的长篇由作家出版社正式出版，并产生很好的社会反响。还记得广东省作家协会在区文联会议室考察签约作家人选的时候，我交给他们的报告文学是用三个新闻稿拼凑起来的，因为我很久没有写过小说，也不了解现在的小说是什么样子，的确是广东省作协把我又找了回来。我基本算是个晚熟的人，到了前十年，才学会看人看事，当然也吃过不少苦头，不过从写作这个事情上看，那些弯路也算没有白走。因为走过，才知道有些人、有些路与我不合适，即使那个题材很好，但不适合我，其实在这个世界上与自己契合的东西并不是很多。

苏沙丽：我想那些年经历的人与事都在日后成了写作素材，您早年的生活经历可以跟我们分享一下吗？

吴　君：一个没有玩伴的人，就只能在书里找安慰了。我是快到小学毕业才从农村转学到城里，差不多成了一个问题小孩，跟谁都没有办法交流。为了能和我说上话，父亲会从单位带回一些过期很久的《人民文学》《北京文学》，读上面的文字时就是我最快乐的时光。除此之外，我把几条街上能借的书都借来看。在省城读书的那几年，家里寄来的钱先要买书，然后才是买饭票。所以在毕业的时候，我已经有不少书了，运过来要花很多钱，连老师同学都让我放弃，还说他们想把书买下来。我说不行，那些书要是不在身边，我的魂也跟着丢了。虽然后来根本不会翻看这些书，但是我必须看见它们，它们是我那些年生活的来龙去脉，看着这些书，我便知道自己是怎么成长的。

苏沙丽：那您又是在什么情况下走上写作这条道路的呢？

吴 君：对写作的向往，在学生时代就有了吧。喜欢看书自然就有了写作的愿望。不过那个时候谁都有这样的梦，不算特别。写作实践还是到了深圳之后，当时我在文体局做编辑，因为约不到稿子，只好自己动手，写了一些纪实文学之类的作品。后来《花城》与我们局合办笔会，当时的主编杜渐坤看我跑来跑去忙会务很辛苦，可能是想安慰我或只是随便说说，问我写不写东西，如果写了，可以寄给他看看。大约半年后，我又想起这番话，就写了一个反映我们学校师生关系的小说寄了过去，很快便收到朱燕玲老师的回信，说小说采用了。之后是很长一段时间的沉寂，直到之前说的长篇小说的出版，才这样一点点寻回信心。

苏沙丽：那之前的工作与生活给您的写作带来了怎样的积累呢？

吴 君：2018年之前，我从事的工作与写作的关系不大，没有想到这些经历会成为后面写作的一种积累，没有想到后面我会写他们，我当时只是想要把我那个新闻的版块填满。还记得我被安排在一间女工宿舍住了半个月，宿舍里有十几个人，进出的人很多，有时也有男工偷着来过夜。当时我带过去的睡衣根本用不上，因为我每天都是穿得很整齐才能睡觉。印象最深刻的是，晚上睡觉的时候，宿舍从来没有关过灯，因为要"倒班"。你想想，睡觉时屋里亮着一个瓦数很高的白炽灯，让人无处可逃，那种感受我一生都忘不了。后来我在一家制鞋厂也待过十几天，在这段时间里我接触了大量的女性打工者。每次采访，见到的主管或是工人，讲的话都差不多，像是训练过，但有一个女主管让人难忘。她是个潮州女孩，非常积极乐观，人也非常时髦，她帮助我联系面见一些女工。过了一些日子，我几乎已经忘了这次采访，在外面吃饭时接到了她的电话。我问她什么事，她不说话，电话里感觉她好像在哭，她的哭声和她过去给我的感觉对不上号。我当时没有太在意这件事，过了几天又想起来，可是已经没有她的联系方式了。多年来我一直想着这个事情，当时她要说什么呢？她光鲜的背后究竟有怎样的悲伤呢？总之，这个群体从来没有离开过我的视线，也自然而然地成了我笔下的人物。

深圳意象与城市文学

苏沙丽：深圳这个城市，可以说重新建构起了您人生与文学的地图，在这里生活将有二十多年了吧？您如何评价您的写作和这座城市的关系？

吴 君：在我看来，写作的空间感很重要，地点的迁移，构成了小说背景的迁移，但所有这些迁移都是为了展示深圳的发展轨迹。深圳，是我小说的中心词。通过小说，我在展现大时代变迁中人物内心的裂变、驳杂、纷繁、曲折和多维。比如说，改革开放伊始，本地人呼风唤雨，凭借得天独厚的优势和固有的优越感，从心理上排斥外省人，我写了《有为年代》《天越冷越好》

187

《福尔马林汤》《红尘中》《牛黄解毒》等，旨在表达外省人的求生之痛之苦；后来，外来移民逐渐融入深圳生活，他们有了各自的立锥之地，反映此类现实的我的代表作品是《不要爱我》《爱比冰更冷》《念奴娇》《樟木头》《复方穿心莲》；21世纪初，外省移民完全"占据"了深圳，"深圳是我家"的感觉越来越明显，甚至大有"鸠占鹊巢"之势，许多本地人因为多年的故步自封，已经被"赶出"市区而向城郊迁移，我由此创作了《恋上你的床》等小说。同时，外来务工的"底层人"仍然在苦苦挣扎，命运一如既往，《扑热息痛》《十二条》《亲爱的深圳》《幸福地图》《菊花香》《出租屋》《陈俊生大道》《深圳西北角》也相继问世。近年来，我开始将笔触伸向这种优越感的丧失，感叹三十年河东、三十年河西的失去家园的本地人，还有深圳重新排序的富人与穷人，如《十七英里》《岗厦14号》《皇后大道》《富兰克恩》《华强北》《夜空晴朗》《晃动天使》《花开富贵》《关外》《这世界》《生于东门》《远大前程》《离地三千尺》《结婚记》《齐天大圣》《前方一百米》《六合街上》，等等。可以肯定的是，深圳没有限制我，反而一直在成全我和我的文学，也就是说，没有深圳，也就没有现在的我。

苏沙丽：您有着从乡村到城市，由东北到岭南的经历，在这样一个流动的现代社会，很多人都有着移民心态，需要经历一种从家乡到异乡的现代性体验，身份及认同问题既是一个社会制度问题，也是情感精神性的困惑。从十多年前的作品《福尔马林汤》《樟木头》《陈俊生大道》《深圳西北角》到2018年的《离地三千尺》，您一直都在关注这个问题，由户口、身份认同所带来的漂泊疏离感，我想就是深圳这个移民城市的精神底色。除此之外，哪怕是本地人，或者早早定居在此的移民，他们的情感也无从着落，无处生根。这或许也就是现代人的一种精神症候，您笔下的故事与人物呈现了这样一种状态，这是您深圳叙事的特征之一。作为一个作家，既是这种精神情绪的叙事者，也是当事人，在这样一种写作中对您自身的精神处境也是一种安抚与释放吗？

吴　君：小说是作家的天机，它泄露出作家的蛛丝马迹。在深圳，行进在数以万计的移民中间，满眼都是到了年关还守在路边等活儿、不能回家的民工，他们愁苦的表情有着惊人的相似。尽管总是小心避开，但城市街道上那些女工姐妹还是走进了我的视野，我总在不同地方遇见她们孑然独行的背影。我想一个真诚的写作者避开生活的真实去建立文学的空中楼阁，是需要勇气的，他要有对生活熟视无睹的勇气，有对生活掩耳盗铃的勇气。真实的生活开始教育我、说服我，痛苦和快乐扑面而来。这样讲，并不是说我喜欢完全的写实，喜欢对所谓底层的生活照搬，对自己以往的写作完全否定。只能说，我走到了这里，对那些触动过我的人和生活再也不能回避。城市的冷暖，一直都在我的创作中体现，从冷写到暖，小说的脉络也是我对这个城市的情感脉络。

苏沙丽：所以说，那些人物细腻的情感深处，人性的裂变处总有着作家内心的隐痛与关注。深圳是这样一个日新月异、快节奏的城市，很多作家不会注意到那些伏贴于生活及地面的东西，相比之下，在您写深圳的这些小说中，我觉得有一种别样的特质，也就是通过一些小人物、寻常百姓的日常生活及情感，传达出人生的常与变、安宁与喧哗。在我看来，这也是您深圳叙事的特征之二。像《十七英里》《华强北》，不属于宏大叙事，而是日常表里的，读后往往给我一种沉静感，这种沉静感我理解为一种烟火气、世俗味，这也是一个城市沉淀在日常生活、人性中的精神轨迹，比如小说中会写到外地人很想喝的岭南靓汤。《十二条》《百年好合》《王菊花》《百花二路》这些小说实际上更多关注的是内心的波澜，是一个人所经岁月的内在变迁，我很喜欢书中对人物日常心理的细腻琢磨，不是将人物放在一个多么大的时代变迁之下，也不是夸大这些人物在时代之变中的变异，而是实实在在地还原一个人的精神轨迹。这些气息您是怎么捕捉、感应到的？或者说是什么原因让您会特别关注这些？在描写这些人物的时候，有什么人与事是让您特别触动的吗？

吴　君：宏大的问题我几乎没有能力关注，在我的小说里也只能是时代背景，我更愿意尝试了解那些小人物的命运是在哪个节点上被改变的。焦虑、命运感和内心的冲突是每个有生命的人都会有的，而绝非没饭吃的人才有。去留两难的人生是我一直关注的，其实许多人都在面对这样一种困境和选择，而并非地域上的来或去。我不算是个全面的作家，却曾经做过当全面作家的各种努力。发展到现在，我个人对自己的定位是有特点的作家。这个特点来自我由开阔主动走向狭窄，这是经历了许多探索后的最终选择。大而无当、大而宽泛都是被我摒弃的，回到角落中才是回到现实里。在小说《福尔马林汤》中我借小桃的一句话说——"城市再美，可与我有什么关系呢？"她的生活就是那个点，与她交集的就那几件事、几个人。时代再伟大，对于相对封闭的底层的群体来说，也只是个流动的背景。

苏沙丽：是的，底层人面对的仍然是平凡的日常生活、生计，还有为这再平凡普通不过的生活所付出的努力。所以，我觉得您的小说像是在倾听深圳这座城市的低语，是伏贴于生活与生命本身的，同时是在记录并呈现深圳的精神底色。同样，新的长篇小说《万福》也给我这样一种感觉，这是一部具有历史感的小说，这种历史感不是通过大事件、大人物来获得，时代及社会只是一种隐形存在的背景，但一群普通人的人生经历及感情纠葛也就构成了对这个城市历史的最好注解。这不仅让我们了解到深圳原住民的生活，而且，在立体的时空中让我们对深圳、香港这两座城市有了更深刻的认识，读后总不免觉得有些唏嘘伤感。可能理解了一个时代境遇中的人，也就理解了这两座城的过去与现在；相反，知晓了这两座城市的过往，更能体谅人世的艰难与不易。这里面的故事及人物，在您之前的小说中也曾提及，比如《皇后大道》《生于东门》。看得出您为这部小说酝酿已久，应该说您也见证了深圳的变迁，以这样的方式来书写深圳及深圳人的精神历史。那么您对大历史与老百姓的历史是如何看待的，在创作之初有怎样的考量？

吴　君：在我看来，外省人和本地居民是不能分开考虑的，优势、劣势的此消彼长一直在他们的身上不断上演。时代如同一辆过山车，载着车上的人，上下翻动，从未停止，无论是何种人物都无法脱离这个时代的影响和现实冲击。具体到创作，这些人物可能是孤独的，但绝不是孤立的。

苏沙丽：在我看来，都市化、城市化的进程也是人精神与意识的一次蜕变，有很多的女性正是在这一场进程中走出来，发现自我、成就或毁灭自我的，您是如何来理解或者定位现代女性的？女性也是您小说中重点关注的人物群体，《亲爱的深圳》《复方穿心莲》《蔡屋围》《富兰克恩》《百年好合》《好百年》《安宫牛黄丸》等小说中都有非常精细的刻画，打工女性群体与本地女性都有写到，涉及她们的性格、生活状态与情感。《富兰克恩》和《菊花香》是两个很特别的题材，成功地塑造了两个女性形象：一个是非常典型的女奴形象，为了老板鞠躬尽瘁；另一个是20世纪90年代打工潮下的女工王菊花，她被时代、现代化、新的工友集体抛弃，为了嫁给一个好男人，小心翼翼地守护着自己的身体。前者被老板无情地扫地出门，后者被同时代人嘲笑和嫌弃。《万福》中的女性也是如此，她们被家庭、被情感牵绊，难以有更自主快乐的人生，同为女性，她们与您心目中现代女性的标准或形象有怎样的差距？为什么会有这样的勇气来书写她们？

吴　君：《南方都市报》曾报道过一次发生在东莞咖啡厅的火灾。报道中饶有意味的一笔是：本可以逃生的客人被女店长拦住，为了保护老板的财产，她竟置客人性命于不顾，跪地哭求不要毁坏物品，导致自救的时间被拖延，结果客人和服务员中10死9伤。我记住了这个新闻，而且一直在记忆里挥之不去。酒店、餐饮、保险……珠三角的服务业一直很繁荣，吸引了全国各地成千上万的年轻人投身于此。改革开放到今天，已经过去了40多年，他们从青年到中年，甚至已经到了老年。他们现在还好吗，他们的未来怎么样，或者，他们有未来吗？那个跪在地上的店长，曾经青春美丽，我常常想到她的身影，那是怎样的"尽责"！她在天国还好吗，她的表现是那么令我心酸。甚至，她来自哪里，姓甚名谁。这样的人物在我们的生活中不少见，我们哪里还需要到鲁迅那个时代去找。这些人物带给我的不只是创作上的震动，因此，回归到写作，我认为每个作家都应该有意识地对既有的写作规则进行审视和超越。

小说的艺术与写作观

苏沙丽：我读您的小说第一印象是不管是长篇还是中短篇，虽谋篇布局不会过于宏大，但是都干净利落，语言朴素直白，在并不曲折的故事里写出了似水流年中的情感、情绪及现实状态，时代看似在发展，但不变的人情烟火与精神底色依然在流连。可以说说您喜欢的作家吗？还有，在写作上您受哪些作家、理论家的影响比较大？

吴　君：应该是阶段性的吧，不同时期我喜欢不同类型的作家。有一个时期我特别喜欢法国和俄罗斯文学，然后是传统的章回小说，再后来是看国内的作品。我比较喜欢江浙地区和广西地区作家的作品，他们对细节的精准把握让我很着迷。我觉得读书跟吃饭是一样的，不是哪一种单一食品让我长成现在这个样子，而是成长过程中的所有食物，当然重要的还是自己内在的气质。这些书谁都看过，可最后每个作家的成长还是不同，呈现的面貌也完全不同。虽然阅读的喜好随着年龄在变，但也有一些没变的。在我有限的阅读中，我喜欢那些有理性、有价值判断力的作

家的作品，而不愿意看那种只满足于揭示个人隐私和宣泄情绪的作品。喜欢的作家如契诃夫、陀思妥耶夫斯基、海明威、马拉默德、芥川龙之介、麦克尤恩、奥康纳、司汤达、萧红、陈映真、黄春明、李碧华等，简直太多太多。

苏沙丽：把一个故事写得节制、冷峻、理性又极具杀伤力和爆发力，这在女作家中是比较少见的。您也有很强的题材意识，会事先想好再写吗？

吴　君：我的确会设计好了才开始写小说。比如，《复方穿心莲》就是个主题先行的故事。阿回是酒店的女经理，方立秋在阿回任职酒店摆满月酒时互相认识了。两个女性互相取暖，也互相打量和算计，阿回为了讨好这个大家庭，告密了方立秋偷偷向老家寄钱一事，导致了方立秋"北方穷人"的本性被整个家庭认清并鄙视。这同样是个移民的故事，一个费尽心机终于进入本地人的大家庭里，一个则被拒之城外。城里的那一个不过是本地人优生优育的机器，另一个只为这个显赫家庭提供饭前开胃的笑料。用婆婆的话说，外省女人没有资格嫁给本地人，就连身体有缺陷的男人她们也不配！《深圳西北角》写了一个落选的村长，为了让自己有面子，便托人把胆小窝囊的女婿送到深圳打工。意想不到的是女婿很快变了心，不得已这个村长来到深圳并做了扫街人，不惜忍受各种羞辱，用威胁、感化、破坏女婿工作等方式试图监督并拉回女婿。经历一番周折，两代男人终于达成和解并准备回家。结果，回去的前一晚，女婿为道德模范的鳏夫岳父找了一个"小姐"。《樟木头》写的是两个女工为了获得深圳户口，享受和本地人一样的生活，历尽各种艰难和屈辱。樟木头看守所是她们绕不过去的黑洞，因此结下了一生的孽缘，从此彼此牵制、彼此伤害。樟木头是深圳洗不掉的历史，也是她们身上的红字。

苏沙丽： 可以感受到您的写作风格一直没有太大的变化，始终忠实于现实主义，您是如何理解现代主义与现实主义的？在您的写作过程中，有为选择何种主义（现代主义、现实主义）而烦恼纠结过吗？

吴　君： 阅读上我比较喜欢现代主义，那种新鲜、刺激及技术都比较契合我的阅读习惯，可是具体到写作，我还是比较偏重现实主义，可能是由我的创作题材和气质决定的吧。

苏沙丽： 您认为什么样的小说才称得上是好小说？

吴　君： 好小说的标准有很多，读过可能就会潜移默化地受到影响，只是不能说是哪一篇，我认为成长中任何一碗饭都是重要的。

苏沙丽： 把您的作品从早期的一直看下来，可以发现您是一个非常有韧劲的作家，既默默前行，也静待花开，在写作上您会有一些规划吗？接下来有没有特别想表达的主题和内容？

吴　君： 因为每天还有一些具体的工作，所以我会对自己的写作有一些具体的规划，也有非常强烈的表达欲望，只能说暂时考虑得还不够成熟。所以，没办法说具体是什么样的主题和内容，只能说我的写作从未离开过与时代同步的深圳。

苏沙丽： 谢谢您接受采访，期待您下一个关于深圳的故事。

（原载于《粤海风》2021 年第 3 期，有改动）

　　陈崇正：广东潮州人，北京师范大学文学硕士，供职于广州市文艺报刊社。著有长篇小说《美人城》《悬浮术》，小说集《黑镜分身术》《半步村叙事》等。曾获梁斌小说奖、广东有为文学奖、华语科幻文学大赛银奖，有作品入围宝珀理想国文学奖、花地文学榜等。

陈崇正：潮汕、寓言与新南方写作

苏沙丽×陈崇正

在陈崇正的身上，我们可以看到一个作家的自觉成长，一方面是去呈现那些生养自己或者令人着迷的现象世界，在他的文学版图上出现的名词"潮汕""科技""新南方"等都再一次让我们感受到了不一样的文学精神及气质；另一方面是去慢慢摸索呈现世界的方式，先锋文学后的青年作家有着来自"技术"上的压力与蛊惑，他的写作也在现实主义、魔幻现实主义创作的尝试中驾轻就熟。写作是他日渐信赖的一种直面当下，又朝向未来的路径，在这个虚构世界里，我们足以相信经验背后始终有一种直抵人心的力量。

成为一个作家

苏沙丽：崇正兄好！我看过您跟陈培浩、李德南、唐诗人几位批评家的对谈，还有其他的一些报道，从中知晓一些您的成长经历，我想在您成为一个作家的路上，有些节点应该是很重要的，比如辞掉教职去做编辑、读研，还有一些或许是内心的隐秘，比如某种野心吧？我们是同龄人，人生经历也有相似之处，文学在我们的成长过程中也起到了某种点灯的作用，以至于念念不忘，您终成了一个作家（这是我一直钦佩的一种职业与身份），而我从事的是文学研究工作，您的作品成为我的研究对象，我们这一代人大概就是这样相遇吧。那么，您是从什么时候开始相信自己手中的笔，并且信赖手中的笔可以带来一些改变的？

陈崇正：写作的人谁不是在自负和自卑之间坐跷跷板呢？一个人的写作越到后面，越免不了自我怀疑，特别是面对巨大的时空之时，那种虚无感就出来了。其实，很多人并不看好我的写作路数，他们反复告诫我继续这么写很难拿奖，会让我很难融入当下文坛的主流创作。我很感谢这些善意的提醒，但没办法，我依然希望通过镜像和寓言的方式来呈现这个世界带给我们的冲击。若非得要说出一个时间点，我开始相信自己找到了门道，大概是在 2009 年，我意识到写作有了明确的方向。在此之前的很长一段时间里我一直在徘徊，直到 2009 年完成《我的恐惧是一只黑鸟》这个短篇小说之后，我的创作路径才逐渐明晰。我当时开始思考：一个作家到底在干什么？哲学家干的事情我们不能干，历史学家干的事我们不能干，语言学家干的事我们不能干，作家就应该干作家的事情。那么作家应该干什么才能穿透生存的感觉？"生存感觉"四个字其实是很混沌的，它并不是明晰的，它指向的是一种生活的寓言。这其实就是一种寓言式的写作。这是我最初的一种顿悟，发现这才是我的"道"，从那刻起我不再感到那么迷惑。

苏沙丽：当代文坛中 50 后、60 后作家，还有更多的前辈，在他们的心目中，"作家"意味着知识分子的言说及角色担当，作为一个从文学写作者、爱好者走过来的研究者，我依然认可这样一种理念，也认可文学在我们精神生活里有着某些不可取代的作用。在您的观念里，您是如何理解这份作家的荣耀、职责与担当？在您成为一名作家后的今天，对"作家"身份及职责的认识与之前相比有什么改变吗？

陈崇正：一个作家是如何成为作家的，这是一个谜。但在这个谜之中，有诸多答案，其中一个就是作家必须是在泥土里生长出来的，作家不能太佛系，必须参与到时代的洪流之中去。一个作家最怕的是自以为对这个世界看得透彻，其实不过是闭门造车，相比之下，那些选择沉沦于生活的作家可能有更大成就，如果太清醒往往一无所得。因为你一直保持清醒，保持对这个世界的警惕和审思，那你只能在空气中穿行，没法在土壤里面生长，也就不可能开出洁白芳香的莲花来。作家是飞鸟，当然不能因为污泥弄脏了羽毛就放弃飞翔，飞翔依然是天职，如果因为羽毛脏了就选择死在泥里，那才是一个大笑话。

苏沙丽：去年（2021 年）您作为志愿者到白云机场加入抗疫的队伍，我能将其理解为是一个作家的使命感吗？当然，这种使命感，是一种对社会的责任感，也许还有作为一个作家去了解真相体察现实的命运感。

陈崇正：只是顺着时代走吧，成为许多人之中的一个。作家只是手艺人，并不见得高人一等，更没有比其他人更聪明。我内心希望通过这样的历练，能更好地看清这个时代。古人云，"不虚美不隐恶"。要做到如此，还是得弯腰去做事，抬头发呆时才能想明白一些道理。

写作的经验、方法及思想

苏沙丽： 从您目前的创作来看，《半步村叙事》《碧河往事》《美人城》《黑镜分身术》等作品，涉乡土都市、科幻等，在艺术创作上有现实主义的，也有带着明显魔幻现实主义色彩的，看得出您对题材的开拓、表现现实的方法及叙事技巧有着自觉的探讨，每部作品都有一些新风格新尝试，对此您怎么看呢？每次创作会给自己一些创新的压力吗？

陈崇正： 有一阵子我很迷恋平行宇宙，越了解越觉得它像玄学。最前沿的一些科学研究，越看越觉得它们跟我们这种古老的对世界的想象形成了一种神秘的呼应。比如一念一宇宙之类的，跟潮汕人对神巫的理解又有某种很戏剧的暗合。如你所知，漫威漫画公司经常会把一些神话改编成科幻或玄幻电影，把这两者综合在一起。我所理解的科幻不是很炫的科幻，而有可能很"土"，是带着土地气息的那种科幻，就像田野里站着一个机器人。对未来的想象必定不止一种形态，其中土味的科幻也可能更接近真相，而不是我们原先设想的光怪陆离，一切变得光鲜亮丽。就像当下的这种城乡结合一样，未来世界最先进的跟最落后的交融在一起，有最先进的技术，也有最落后的生活方式，这种撕裂将一直存在。一个人如何活在一个科技高度发达的世界，其实我们可以根据当下进行推测。现在我们每个人都活在不同的 App 里面，都有不一样的维度。人的一生又如此短暂，你还要去跟别人相处，同时你还拥有一片虚拟空间的世界。我们生活的世界很多东西已经慢慢地变得分裂，又还要面对荒诞。相信每个人都能感受到，世界是折叠的，破碎的。我们活在大数据的推送中，活在海量的短视频里。我们被塑造，被灌输，被大数据操控，然后又在喂养大数据，但是我们又需要它。我们已经在这样的一个世界中，我所写的当然是关注未来，但其实我所写的也是我们的当下。

苏沙丽：我在大学也教了两年多的写作课，常常会讲到作家文学世界所呈现的经验现象，也就是写作素材的来源，您能否具体说说目前写作的经验来源呢？

陈崇正：这些年，我主要关注的是潮汕平原上的血脉传承现象。潮汕人很讲究传宗接代，血脉传承是我作品中的一个核心的主题。这种生命的承接，其实很复杂，不能简单理解为潮汕人爱生孩子。从血脉传承的角度去理解潮汕文化，我从中归纳出以下几种特质：第一种是面对大海的求险。海洋让潮汕人有海盗精神，有冒险精神，并由此衍生出叛逆和创新，比如当年涌现的左联作家和澎湃的革命，又如五条人乐队体现出的反讽气息。海洋的高风险带来高回报，而这种风险所带来的，会使人有一种生命的急促感和焦灼感，所以要赶紧生个小孩，要不然有可能出个海命就没了。你会发现其实越是海边的人对于生育越执着。这是天然的、冒险的、反叛的、创新的海洋性所带来的。

第二种特质是面对物质的求实，潮汕人生活在潮汕平原上，物质条件相对富足，这里是岭东的粮仓。潮汕人的祖先在战乱中迁徙至此，重建优渥的生活，他们拼命维持这种没落贵族的生活方式。这种维持可以说是对带有贵族气质的生活习惯的传接，它自然会召唤出一种内在需求，即必须有子嗣来继承家业。潮汕地区地处偏远，历史上相对太平，如果天天兵荒马乱，哪有时间繁衍生息？

第三种特质就是面对未知的求神，对祖宗和神明的敬重。宗族祭祀的时候人们可能就会想"我以后成为祖宗怎么办"，所以就有特别重的香火传续的压力，这是由宗族文化或者信仰带来的动力。

这三种特质导致潮汕人的整个生命烙印着传宗接代的使命。我觉得这样一种文化在中国文化中是很特殊的，求险、求实、求神这三个特质刚好融合在一起，就如三片花瓣。这三片花瓣可以推演出潮汕平原的所有文化。比如饮食当中的各种粿，其实是与祭祀有关。再如，工夫茶作为潮汕人普遍的生活习惯就与贵族优渥的生活条件有关。我们下南洋的历史，红头船和侨批等文化印记，捕鱼前拜妈祖和祭孤魂野鬼等生活习俗，这又与冒险有关。这三个维度可以说串联起了潮汕人的所有习俗。这三个特质和维度又不断在我的小说中轮番渗透。我曾说"六经注我"，其实就是"潮汕注我"，我不会为它而写，我会分析它，我会去看穿它和琢磨它，我不会专门去写潮汕，也没必要专门去写潮汕史。我是拿把手术刀去肢解它，去分析它的化学成分，在我眼里它慢慢地就变得没有优劣之分。年轻时我瞧不起这样的文化，我叛逃，从内心反叛，认为这样的文化应该被遗弃，但后来我慢慢发现其实不应该这么看待潮汕这片土地。它本来就是一个可怜的标本，我应该去剖析它。那么在剖析完以后，我发现这样一个标本在当下呈现出的是错乱和零落的状态。潮汕文化其实只存在于想象当中，是每个潮汕人的共同想象，外面的误解又加深了这种想象。潮汕文化应该有一个另外的真相，有一个本我，有它更真实的一面。应该拂去那些东西，这样才能慢慢知道那是它的本相，你不应该只是附着在上面。你返观便会发现潮汕文化又是神奇的存在，它很奇特，有很强的兼容性。比如我之前在一篇文章里提过，一个在深圳写代码的人第二天就跑回潮州祭神拜祖宗，这个情景并没有丝毫的违和感。昨天他可能还在写代码，可能在讨论元宇宙、无人机和比特币，但是乘坐两个多小时的高铁回到潮汕以后，他就拜神去了，这是同一个人，也是许多潮汕人的日常。这与许多人想象中的潮汕是不同的。或者说，有一个更破碎的潮汕，有一个更具体的、更贴近每个人的潮汕，所谓的潮汕是由我们每一个人构成的，包括村里一辈子都没坐过电梯的老人，包括菜市场里奔波的潮汕人，是他们拼接成了潮汕。

苏沙丽：那么，您所经历的记忆的是如何变成虚构世界中之一种的？

陈崇正：我们能看到的生活现实就是一个流动的镜像。比如在广州，在这里生活着各种各样的人，他们有不同的语言和生活习惯，因为各种不同的原因汇聚到这个城市。每个迁徙者都有一个故乡。这跟以前沈从文所面对的故乡是不一样的，他的故乡是湘西，湘西就那些人，是固定的。沈从文的田园牧歌也是凝固的。莫言的故乡也是凝固的，当然高密东北乡有流动的历史，但回望时可以理解为静态的流动。然而，我和许多迁徙者的故乡都是流动的，我潮州的老家也是流动的。现在回去也是觉得故乡发生了翻天覆地的变化，很多人离开又回来，还有很多年轻人都走了，也有一些新的外来人融入进来。当然，潮汕地区还是有一些沉淀，有一些凝固的时间和传统，但更多的依然是变化，时间的节奏不同，记忆也就不同。所以，应该如何去书写潮汕？在很长一段时间里，我认为自己是潮汕文化的反叛者。我后来采用的方式是把潮汕文化拆分为不同的元素，然后在写作中去重构潮汕，所以我的潮汕故事是渗透型的，我不是在里边渲染潮汕文化。我认为有另外一个潮汕，它不应该是附着于这片土地之上，而应该是飞腾的、超越的、穿透的。有时候我也会写一些在国外的潮汕人，写他们身上的潮汕影子。在外地的潮汕人，他们也在思考和批判。在故事里，我采用不同办法，从不同的角度去呈现潮汕人的精神。你说需不需要一个完整的潮汕呢？我认为是不需要的。写一种文化的时候，我们已经没法像沈从文那样去呈现了。想要那种田园牧歌式的写作，或者像镜子一样完整映照，这种写作在我这里不存在。我只能是一个流动的镜子，不断移动的镜头。我面对的东西同样不断移动，所以我相当于是用移动的镜子来照流水，你怎么可能找到一个完全静态的镜像？所以一种静态的写作我认为已经不存在了。我们所面临的当下，变革是如此激烈，写作的媒介又如此复杂，在这种情况下，一个作家想的更应该是如何突破现在的限制。当然我理解有一种声音说，越民族的会越世界，但我觉得这是一种神话。作家写作有不同的路径，有人在禅修，有人在格物致知，但我认为不是这样的，我们更应该在一种流动的、跳动的、飞腾的姿态中去感受生活场，感受这个时代的变迁。

  苏沙丽：目前您最满意的作品是什么？有觉得写空、被掏空的时候吗？从《半步村叙事》的创作一直到现在，有感觉到所谓的疲乏或瓶颈期吗？您是如何调整的，画猫也算一种调整吧？

陈崇正：《美人城》（上下部）和《悬浮术》，是我目前完成度比较高的作品。瓶颈期一直都有，其实现阶段就是。画画确实很解压，但重要的还是做一些案头工作，通过阅读做一些准备。比如，最近我就查阅了很多关于明朝的历史资料。

苏沙丽：作家以形象化的文字来表现世界，呈现的也是世界的图像，这背后我想多少都是作家对这个时代社会及世界的看法，当然这个看法并不一定清晰完整。也还有一些作家作品里的思想理论痕迹是比较明显的，您平常会对一些理论研究产生兴趣吗？在准备一部作品时，会阅读一些社科研究甚至是科学研究的书籍吗？我很想了解作家创造形象世界背后的思想理论储备。

陈崇正：作家更多应该靠技术自觉，与理论储备相比，我觉得写作坐标更为重要。比如"新南方写作"便是我重要的写作坐标。2018 年前后，许多人的目光看向南方以南，赞美改革开放所取得的巨大成就，同时开始反思在经济腾飞的背景下，文学的坐标却是倾斜的，南方以南的文学存在被遮蔽的可能性。从这个角度来重新思考南方以南文学何为，思考南方以南的文学的存量和增量，有哪些特质和共性。所以"新南方写作"的提法其实就是为去遮蔽。长期以来，文学的南方往往到江南为止，南方以南自古以来都是荒芜之地，是官员被贬流放之地。改革开放四十多年过去了，是时候刷新一下屏幕，重新看一看新南方的文学生态。比如，我们经常说潮汕地区是省尾国角，是一个遥远的边地，但如果把海洋考虑进来，坐标就不一样了。海洋在地图上看似乎一无所有，但在现实中它是波涛汹涌的，在历史上它充满了各种故事，多少潮汕人在惊涛骇浪之中讨生活，红头船的远征代表了未知的维度。所以从这个角度来看，其实粤港澳大湾区是很中心的，应该是在一个更大的华语写作圈的中心，是腹地，而不是一个边缘之地，更不再是一个流放之地。它不是旅程的结束，而是代表着重新开始的可能。"新南方"的提出是希望更多的写作能够被重新看见，它试图告诉大家不应该用旧眼光看待中国文学，而应该是有国际视野的大格局。"新南方"在中国最前沿，这里有先进的科技，有最新的生活方式，有蓬勃的经济体，有斑斓的文化景观，也有各种改革探索，有不同的人在这里生生死死。"新南方写作"的提出是一个召唤，也很高兴看到更多的人加入了讨论。对我个人而言，这样一个概念也让我更清楚地看到自己的写作方向。

苏沙丽：是的，如您所说，新南方写作的提出是一个召唤，我自己在这些年的文学观察中，也确实发现了这一地域及精神特质所应当给予的关注与书写，目前的中青年一代作家在对南方展开想象时，我也确实感受到了不一样的文学质地。那么，谈完了理论，再来说说您比较喜欢的作家吧？

陈崇正：那首先就不得不提王小波了。王小波带给我的是一种可能性的哲学。王小波的小说充满了不同的可能性。王小波给我最大的文学财产，就是这种可能性，或者说他让我明白小说是探索无限可能性的一种艺术。小说应该是不断地假设，不断给出参数，再得出不同的结果。这是我对他的一种学习，可能这种学习还不尽然掌握。其次，当然是先锋作家。当下活跃的青年作家多数受惠于先锋小说这批作家，包括苏童和余华等一批前辈作家，对他们作品的阅读是我的必修课。先锋文学之后，整个汉语写作是完全不一样的。如果没有经过先锋文学的洗礼，我们现在的汉语写作可能是另一番面貌。先锋作家对汉语写作的语言句法、表现形式、叙述方式进行了改造之后，整个中国文学走向了另一个方向。对我们这批 80 后创作者而言，先锋小说这一波高峰确实在前面塑造了一个难度，到现在为止，这个难度还没有被超越。现在谈中国文学，依然是以莫言、余华、苏童、格非等人为代表，同时代的作家还在他们的阴影覆盖中前行。

关于写作　关于未来

苏沙丽：去年您出版了一本关于写作的书——《向蜘蛛学习写作》，之前也出过《正解：从写作文到写作》，一看书名就知道您是教师出身，为学生的写作问题操碎了心，那么稍稍总结一下，您是如何做到从一个写作者到一个作家的？虽然您现在依然是青年作家，但并不妨碍您给更年轻的作家一些建议。

陈崇正：我向来有好为人师的毛病。现在多数青年作家都生活在城市里，如果要说建议，那么我建议多了解一下农村和土地。整个中国历史从来就没有离开过土地，某种程度上可以说，土地决定了生活方式，到现在依然如此，我们生活的方方面面与土地息息相关。在中国写作，你如果不懂农村，不明白农村所代表的是更本质的生活，那你将没法读懂中国。同理可证，即使发展了科技，即使拥有了最尖端的技术，我们的心灵深处，我们的文化基因里，跟乡土息息相关的关系在很长的历史时期中也是不会被剥离的。中国文化是有根性的，比如生命存续的话题在今天依然具有时代性。一个作家如何想象当下的生活，如何想象未来的生活，让想象力抵达的过程中就要赋予想象力一种质感，这种质感更重要的是它要源于土地，源于土地上所承载的历史以及土地上的生存感觉。科幻作家刘慈欣写未来的人类生活，他采取的手法是不断让人物休眠，然后将我们所熟悉的带有土味的人物放到遥远的未来去。这些人物带着当下的伦理，剥离就没意义了。无论是从我们现实或艺术的维度，或者说从科技有效性的维度，其实选择一种田野上的未来主义，可能还是更贴近时代，更符合想象中的真实。

苏沙丽：几年前我们对您的小说做过研讨，那时觉得您就拥有了自己的写作根据地，这几年来看，当初的写作根据地"半步村"并没有限制您的想象力与"疆域"扩张，那么可以说说目前的写作计划吗？

陈崇正：近期的写作，谈不上计划，但主要是将科幻的元素融进我的创作。因为广东这几十年有一个重要的特质，就是改革开放所带来的科技发展。广东在过去几十年中一直在引领潮流，包括科技的潮流，如微信等诸多牵系人们生活方式的科技创新都是在广东崛起的。所以我更希望进行这样的探索：一个是面对现实，一个是面向未来。面对现实，其实也是包含了对发展现状的思考。一个作家不能没有批评意识和反思精神，所以面对现实我会有所批判，有问题意识，有反思精神。同时，我是往未来看的，我希望自己的写作有一种未来朝向的眼光。在过去十年的创作中，我思考的一个重点，是人的生命延续的问题，包括对人类的血脉延续，以及代际传承。

苏沙丽：您对自己的写作事业有怎样的期许？有没有想过要成为一个怎样的作家？或者说说一个优秀作家的标准。

陈崇正：写作跟菜农种菜差不多，既要耕地施肥，还得看天气如何，阳光雨露给不给力，等到种出菜来，还得自己挑到市场上摆摊吆喝，最后如果想要在菜农里脱颖而出发家致富，大概只能说运气不错。写作除了需要才气，确实也需要运气，而我的运气从来就不怎么样。至于标准，文学的标准是在阅读中的专业互认，存乎一心。一批专业读者觉得你好，说明你的作品已经说服了这批聪明人，大概就是好的。当然，最后的审判还是时间，而时间又是多么虚无的东西呀。

苏沙丽：哈哈，越说越有些谦虚的味道了，祝愿您写出越来越多自己和读者都满意的作品。

陈崇正：谢谢。

周洁茹：出生于江苏常州，70后作家。15岁开始写作并发表，20~22岁于《人民文学》《收获》《花城》《钟山》等刊发表小说一百余万字，20岁获萌芽新人小说奖，24岁成为中国作家协会会员。2008年定居香港，现为《香港文学》总编辑。出版有长篇小说《小妖的网》《中国娃娃》《岛上蔷薇》，小说集《我们干点什么吧》《香港公园》《吕贝卡与葛蕾丝》，随笔集《天使有了欲望》《请把我留在这时光里》等。

周洁茹：我判断优秀只有一个标准

苏沙丽 × 周洁茹

写作的回归：从出走开始

苏沙丽： 您曾在访谈文章中多次提到，2000 年辞去公职，停止写作，远走美国，是因为一种厌倦感，这种厌倦感，我是否可以理解为写作动力的戛然而止？就像眼睁睁地看着灵感一点一点地蒸发掉。

周洁茹： 一切动力的戛然而止，不仅仅是写作的。这里只谈写作，因为 1999 年开始做文联专业作家，那一点最后的火花也被磨灭了。如果你要毁掉一个作家，就让他去做专业作家，这是我的切身体会，也许不适用于其他人，但适用于我。后来要去做编辑，我也一直在想，如果你要毁掉一个作家，就让他去做编辑？有个前作家现编辑就跟我讲，能够毁掉你的只有你自己。我同意他的说法。"灵感一点一点蒸发掉。"这个句子真有意思，能够一点一点蒸发掉的只有爱情，绝对不会是灵感，给了你才华当然也会把灵感一起配备了，才华还在灵感也在。

苏沙丽：美国的生活对写作带来的影响，或许要到多年以后才会发酵并发挥效应，正如您自己所说，在美国是一个中国字都不能写的。可以谈谈这段海外的生活吗？

周洁茹：那段生活与写作也没有什么关联，确实是什么都没写，而且是十年。我尝试重新整理那十年，重新写那十年，很可能是十个各自独立的短篇，不是长篇，如同我真实的生活，无数碎片，每一片都很锋利。我还需要一点时间。

苏沙丽：不断地行走、迁徙，或者说漂泊，哪怕是定居与内地更为接近的香港，也没有获得一种安稳感，家乡及家乡风物、年少时的往事会不断地闪现在作品中，念兹在兹。我读过您回归后的大部分作品，在那些散文随笔中我读到了与北岛散文中一样的"絮叨"，既是一种对状态、情绪的反复呈现与陈述，也是一种对时光流逝、物是人非的感伤与叹喟。我有一种感觉，您是需要在写作中完成一种"诉说"的，那么，与之前的写作相比，搁笔十多年后再重新写作，您的心态发生了怎样的变化？写作于您意味着什么，或者说写作的意义是什么呢？

周洁茹：我不喜欢"漂泊"这个词，如果一定要用，那么我们都是来地球漂泊的。谁都不是地球人，我就是这么想的，谁都是从别处迁徙到地球，也就是所有人类永远没有安稳感的缘由。我想我的"诉说"也是如此，无关时光、物是人非，也许只是想要回家，而我认为的回家，就是回到我来的地方，也许离地球也不是那么远。心态变化这个问题，我刚才还在想，我 33 岁时，这也就是我来到香港的年纪，我是无法想象我的 45 岁的，就是我现在的年纪。那也太老了吧？我就是这么想的。我也不敢去想

213

象我的 60 岁，会比现在更从容一些吗？会写得更好一些了吗？或者就是又不写了？还是不要去想还没有发生的事情吧，也许一切都会超出你的想象。写作对我来讲就是日常生活，希望它成为所有人的日常生活，大家都活得太低落了，希望都能够写一点文字，有一点自我思索的机会。

苏沙丽：可以就此谈谈中国内地、中国香港与美国三地文学写作的环境（氛围）吗？

周洁茹：这个问题对我不适用，我没有"环境"这个意识，就好像我向来意识不到我写的就是城市。我可以来讲生活环境的不同，毕竟这三个地方还是很不同的，没有一个地方是相同的。但我这个人，还是在三个不同的生活环境活成了一个人的生活环境，也就是说，我在哪儿都是一个人，对融入很不刻意。这也就是我对整个地球的态度，一种旅行者的态度吧，我想，说到底，我就是来旅游的，到时我就走了。而我这个人又是非常不喜欢旅游的，所以总是时时想着早些结束，也许有一些人可以从旅游中得到更多的拓展，我的方式可能还是自己拓展自己，我之前也说过，每个人的口中都有一个宇宙。写作环境的话，内地是这样的，我也写了一阵子，但再写下去都是一样，写一篇和写一百篇都没有区别了，如果我留在内地，继续写，应该就是这个局面。到了美国，由于我个人的问题，美国是没有给我一个写作环境或者写作氛围的，但又有些人是到了美国才写出来了，只能这么讲，祝贺他们。希望每一个人都找对自己的地方。香港，其实我跟它也不是那么调和，我是流动的，一种风、一个动态，与任何一个固定的地方都形成不了固定的关系。我讲了这么多，生活环境、写作环境，归根结底还是我一个人的环境，我的写作不与任何其他写作人发生关联。刚才正看到一个编辑发了条朋友圈文章，《做编辑，不要跟同行喝酒，不要看读者脸色》，还挺对的，也适用于作家。做作家，不要跟同行喝酒，不要看读者脸色。

香港故事与生活的实感经验

苏沙丽：尽管您从未将自己定位为香港作家，回归后的写作也不全然是以香港为创作背景，但在我的理解中，"香港"在您个人的写作中还是形成了一个有意思的视角，一方面是与中国内地、美国经历的回望比照，意味着不同的人生阶段，另一方面基于香港这个城市本身的特殊性，在这些您所经历停留过的岛屿与生活中，香港或许能够让人感受血缘上更为亲近的一个群体的生活与精神状况。在香港已逾十年，您对这个城市有怎样的感受？通过写作，是否更加深刻地理解了这个城市？小说家是否就像一个探秘者，对一个未知的城市，对人的故事总有一种好奇？

周洁茹：感谢您这么说，我自己不把自己定位为香港作家，就好像我自己不定位我是 70 后作家。我写作的时候是不去想我自己在哪儿的，是在这个故事写出来了，被认为很香港，我才被植入了一个意识，我果真是在香港。其实，有时候我早上醒来也得想一想，我果真是在地球了，那么就安然地、仔细地，度过这一段被安置的时光吧。在香港已逾十年，超过了在美国居住的时间，要来谈感受和理解的话，我突然想到那种婚姻，一开始是相亲，大家都觉得你俩挺合适，就结婚吧，也挺简单的，没有那么复杂，有一点点爱情，有一点点确实是因为年龄有些大，再大下去就真不生孩子了，最重要的部分肯定是刚刚好的一个时间，刚刚好的那个人。婚后一年、两年、三年，直到第七年，有的就不过了，有的还是过下去，还是挺简单的，一点点亲情（是的爱情成亲情了，爱情这个东西性质就是这么不稳定），一点点确实是因为有了孩子，孩子得有一个完整家庭，看起来完整的也行，最重要的是中年了，中年就得做中年要做的事情了。我前些天写了一篇《热酒中年》，说的是我完成了一部小说，非常得意，马上就去朋友圈说了一句，我对我满意。我就是这么说的。当然后面我又看了一遍那个小说，确实也没有什么好得意的，但是很多写作人都是这样，就是作品完成的那个时刻，那个高光，那种得意，也许我就是要追求那个瞬间，自己对自己的满意。针对我的一条朋友圈动态，朋友就来讲，少年饮热酒，中年喝晚茶。什么阶段应该做什么事情，到了中年，也别那么热烈了，酒喝快了伤身，还是喝茶吧，养胃。也许他也不是那个意思，但我就是这么理解的。也是我对香港这个城市的感受，相处了这么久，秘也探得差不多了，偶有惊喜最好，没有也可以，以后好好过。爱情就是会成为亲情。

有人问过我粤语的问题，因为从来没听我讲过粤语。我答的是，谁在香港住得久了都会讲粤语，但我已经住了十余年，我讲粤语肯定还不如许多新到香港几个月的人讲得好。为什么呢？我说是因为我不去街市买菜？不看 TVB？不交本地朋友？实际上是我什么台都不看，我也不交朋友，不管是本地的还是外地的，买菜的话我只在网上买，我连楼下的超市都不去。刚才看到一个文章说，有一种鱼已经灭绝了，因为这种鱼不会游泳，而且出生在哪里就待在哪里，完全不动的。不会游泳的鱼。如果我的粤语也是这样，不与任何外界发生联系，那真的永远也讲不好。但我一直都是听得懂的，甚至能够分辨得出来北角跟大围的口音差别，好像这也足够了，我在写作的时候会使用地道的粤语，单从文本看来，我的口音绝对是中环的。

苏沙丽：接下来您会继续有意识地书写香港这个城市吗？其实，您现在的不少作品，"香港"已经成为一个潜在的叙述空间。

周洁茹：会有意识地写得长一点，其他地理空间什么的都不在我的考虑范围，我可能更在意时间，好吧，我又想了一下，我也不在意时间，有一阵子我很在意人，我总想着要把人写通透了，是挺难的，我对自己都还没弄透呢。

苏沙丽：从您早期的作品一直到现在的，"到哪里去"是一个主题，地理空间有时只是一个可以忽略的标识，有时也象征着一定的社会及时代背景，但很明显，您凸显的主要还是"人"的精神状况。如若要做一个比较，早期作品或许更像是一种人生及精神困境的寓言，如《到南京去》《到常州去》，而近年来的《到深圳去》《到广州去》《到香港去》，还有另一些有地理标志的《旺角》《佐敦》《油麻地》等，有着更加真切的可以触摸的生活实感经验，您如何看待这种变化？

周洁茹：谈作家作品的前后期变化，这是评论家的事，不是作家的，或者我可以自己评论我自己，自己比较自己的作品，我真这么想过，但是理论储备很不够，那我还是暂时先放下吧。我自己能感受到的一个变化是语言方面，极简，就是我目前的状态，早期可能还有对一些情节以及细节的追求，现在觉得这完全无所谓了。

苏沙丽：我极少在一个作家的作品中读到一种始终贯穿的不安感、疏离感，这种基调却在您的作品中不曾改变，这种精神意绪，是不是现代人无从逃脱的命运？

周洁茹：只要我还在地球，这种精神意绪就不会更改。我最近的小说《51区》谈的也是这个问题，逃离来逃离去，只要在地球，就永远是身体的囚徒。

苏沙丽：女性一直是您作品中的主角、叙述者，讲她们之间的友谊，她们在婚姻与爱情中的处境，她们的成长与人生困境……尽管在看《岛上蔷薇》这部长篇时，我有一点遗憾是，没有感受到那种饱满细腻的、内在的女性成长经验及故事。但转念一想，现代人的生活如此匆忙，就像小说中的女性在不断流动的生活与地方结束少年、青年时期进入中年，完成了女孩到女人的转换，我们的疼痛与伤感有时只是在停歇的间隙中得以闪现，是零碎的，断续的，甚至来不及抚慰与思索，旋即进入下一段旅程。在这种书写中，包括前面提到的作品，能够感受到您是在丰富的生活、情绪的细节中，揉碎了自己的观念，呈现状态、事实与现实，而不是表达概念、理论与思想。那么，我想问问，您是如何理解当下女性的各种状态的？您理想中的现代女性是怎样的呢？那些试图或想要抗争一下的女性，不管是在情爱与自己的欲望中作跳腾的，还是在现实婚姻及家庭生活中带着希望一点点攒起行动勇气的，当然还有那些不断沉沦或沦陷得不可自拔的，您又是如何看待自己笔下的这些女性，她们的形象越清晰，您笔端的温暖与不忍我想也就越执着吧？

周洁茹：感谢您阅读《岛上蔷薇》，我一般不大提这部作品，因为觉得没写好，就好像有一阵子我也不愿意提《小妖的网》和《中国娃娃》。但关于这三个作品的创作谈和对谈也挺多的了，我这边的感受是越谈越觉得没写好。全书呈现得不好，尽管每个章节都有闪光之处。我讲的没写好，是我还可以写得更好的意思，但如果要拿出去打榜什么的，还是可以打一打的。这些天在看《乘风破浪的姐姐》，有位姐姐说："有人讲我是谜之自信，但人不就应该有点自信？"我同意她的说法，人就应该有点自信，人不自信了，也跟一条咸鱼一样了。但"谜之自信"这四个字，也蛮神奇的，很多男性就是有这种自信，很多，而且超级自信，那才是谜之自信。我的希望是女性也要有更多自信吧，孙悟空被压了五百年放出来，还是非常舒展的，仍然很能打，完全看不出来被压过的痕迹。很多女性被婚姻家庭什么的压个十年、二十年，即使放她出来都不能回弹了，就算是送给她一个社会，她也接不住了。这一点我也很遗憾，我想的是，会不会当年压的时候，就已经直接把女性给压死了？放不放的意义也不是很大了。所以我也要看《乘风破浪的姐姐》啊，能翻红的都是真"妖精"，是所有女性的榜样。

小说的艺术与功能

苏沙丽：70 后小说家的艺术风格好像很难说是遵从于现代主义或现实主义，也并没有经历过在现代或传统之间那么明显的较量与抉择，对于经典作品的理解或许也会不一样，在您的理解中哪些文学作品可以称为经典呢？

周洁茹： 我想在我这里一直都是《西游记》，它教给了我写作的第一课——严肃地胡说八道。

苏沙丽： 在您已经出版的这些作品中绝大多数都是中短篇，虽短小，但写得扎实真切，是能够就此打开一个社会的窗口，读懂一些人、一类人的生活与生存状态，您如何看待小说介入现实的功能或作用？您认为优秀短篇小说的标准有哪些？

周洁茹： 我之前说过这么一句话，我把文学分成两种，一种是文学，另一种不是，我自己挺得意的，现在看看，不就是一个病句嘛。但我的意思到了，我就是这样的，黑与白，爱与恨，是与非，没有灰色没有中间地带。我判断优秀也只有一个标准——自由。

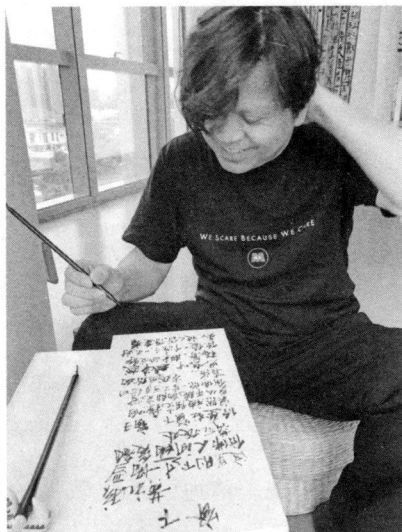

　　黄礼孩：70后诗人、专栏作家、艺术策展人，《中西诗歌》主编。作品入选《大学语文》（教材）、《中国新诗百年大典》等三百多种选本。出版诗集《我对命运所知甚少》《热情的玛祖卡》，评论集《午夜的孩子》，艺术随笔《起舞》《忧伤的美意》等多部。1999年创办《诗歌与人》诗刊，设立"诗歌与人·国际诗歌奖"。曾获得2014年第二届美动华人·年度艺术家奖、2013年黎巴嫩国际文学奖、第一届70后诗人奖、首届中国桂冠诗歌奖、第二届扶正诗歌奖、第四届珠江（国际）诗歌奖、第八届广东省鲁迅文学艺术奖等。

黄礼孩：对于诗歌写作，你必须渴望一个乌托邦

廖 琪 × 黄礼孩

诗歌，是我心底的一块圣洁地，是我敬畏的地带。即使做过十几年文学期刊编辑，我也没敢轻易触碰诗歌栏目，唯恐亵渎了她。在泥沙俱下的诗歌海洋里，我见到了各色风景，黄礼孩是一束别致的光。最早接触礼孩的诗，是在读大学时候，教科书上读到，留下了朦胧的印象：语言美如天际的一弯月，不染尘埃、清新、洗练、讶异、脱俗、精致；虔诚宁静的宗教气息，幽美神秘的诗歌意象；克制的情感，如波澜不惊的海面，却暗藏着深邃的引而不发的风暴力量……2008 年左右，我们开始在诗歌活动上相遇。像波兰诗人亚当·扎加耶夫斯基说的，"他身上散发出一种善良，脸上洋溢着气息生动的微笑，这种友好的微笑又如此具有说服力"，那双深不见底的眼睛，叫人着迷，毫无由来地让人接近他，信任他。然而这又如冰山一角，你并不能懂他。越读礼孩的诗，越起了执念：有生之年，若有机会，一定去他的出生地一探究竟。我想，唯有此，才能更接近他诗歌的灵魂。幸运的是，2021 年我有机缘和一行诗人朋友到了礼孩的故乡，大陆最南端——徐闻。踏上徐闻的土地，我逐渐打开了他诗歌的阀门……

故乡原风景：自然的观察者

廖　琪：对于家乡徐闻，您已过于熟视，但于我们这些异乡人是第一次见到，那种触动是战栗的。头顶瓦蓝的天幕，大块的白云浮动，数不清的白色巨大风车在转动，风吹衣袂，我第一次站在大陆最南端广袤的菠萝的海高地，大片的苍绿、青翠、褚红、土黄的斑斓色块毫无遮拦地映入眼帘，渐次交替，线条优美，一眼望不到边地起起伏伏，就像上帝亲笔渲染的一幅巨大无比的油画。你可能很难想象，我是有多么喜悦，哀伤又幸福。突然涌动着一种躺在红土地裸露的胸膛上哭一场的冲动。看着波光粼粼的玛珥湖，湖边一丛丛身姿绰约的青树，无比怀想逝去的青春岁月，想穿越回时光隧道，牵着翩翩少年的手，谈一场无禁忌的恋爱……徐闻真是一个产生诗意、诞生诗人的美丽地方。我似乎是在一刹那，捕捉到了你诗中的许多我不曾触摸到的意象。

家乡是一个人剪不掉的精神脐带，您至今怀着怎样深沉的情感？骄傲、深爱，抑或还有一些比较复杂的情绪？

黄礼孩：我十分理解你的喜悦、哀伤及幸福。有时候，通过他者的感受回望自己的故乡，就像我作为你的朋友回到你的出生地，有着莫名的渴望。你说的故乡是理想化后的场景，生命在审美一致的前提下，同理心会更为强烈。你作为异乡人来到徐闻，会带着某种想象，现实未必与你心中所想的吻合，但陌生感还是带给你深深的体会。徐闻作为一个农业县，那天空、云朵、土地，还没有太多的变化，比如土地上的贫穷与愚昧。作为生命出发的旅程，从童年到青少年时代的痕迹，已经很遥远，它们留在记忆里，镶进生命里，那是精神永远存留的地方。就像鲍勃·迪伦说的："一个人要走多少路／你才会认他是一个人？／一只白鸽要飞过多少海？她才能躺在沙滩？"岁月流逝，更多的感慨来到生命中，当年那个最普通的孩子，今天活出了别的样子，在别人看来应该骄傲，但之于我是复杂的，生命有丰盈的时刻，也有空缺，就像故乡，它有时是明亮，有时是灰暗。

廖　琪：白鹤林有首诗《孤独》，"从童年起，我便独自一人，照顾着／历代的星辰"，我读到的时候，会觉得这也是您的童年写照。家乡丰富的自然资源，辛苦劳作的日常，困守岛上的封闭寂寞，无边大海的阻隔，对海洋外世界的向往，带给您最多的是什么？孤独、想象、心灵的驰骋？

黄礼孩：白鹤林是我的朋友，我们是同代人，我懂得他的深情。有无数的童年，不是所有的童年都值得书写。人生在后面赢得个体的"精神王国"后，回头观照你的童年，那个童年才有深意。就像我童年的伙伴，他们与我一样经历了童年，但他们当中更多的人淹没在不为人所知的时间深渊里。其实，我自己也一样，被岁月的常理把控。童年是每个走向未来的诗人的本钱。我作为一个写诗的人，我得为少年时代的伙伴保存童年的记忆。面对贫穷、困顿的少年生活，美丽的故乡只会给你增添忧伤。因为离开，时空发生了变化，事物在你与故乡之间，留出足够多的图景，文学正是不同图景里的描绘。如我诗中所言，童年是"又穷又冷"的光阴里的一块糖。

廖　琪：西川说您"非常敏锐"，这应该是一个诗人最基本也必须具备的天赋特质，只不过于您更为鲜明。故乡原风景对一位诗人的影响是深远的，但最终走向诗歌这条路，应该是经过阅读和受到一些人的影响吧？

黄礼孩：诗歌确实是关于天赋的实业。原乡是不少诗人作家的心灵之地，我也不例外。极少有无师自通的诗人，每个诗人都是在别人的精神里活出新的形象，然后自己独自成长起来。我童年时代没有接触过现代诗歌，上初中后接触的是街上流行的诗歌，但这已经是很好的状态。直到来了广州，才知道什么叫经典的诗歌。诗歌的写作，很多时候来自阅读的影响，作为写作者，你得主动去阅读，去寻找精神的导师，你需要一个巨大的自我教育过程，你得在自我的教育里成长起来。

廖　琪：汤显祖与苏东坡，都在徐闻有过短暂停留，他们之于您的文化影响呢，是潜移默化春风化雨的存在吗？

黄礼孩：小时候除了看连环画之外，并没有所谓的历史教育，除了课本里的人物，哪里知道汤显祖与苏东坡。对汤显祖与苏东坡的认识，那是我有了一点文化自觉之后的事情。徐闻是一个偏远之地，过去漫长的岁月里，尽管是海上丝绸之路始发港，但本土出生且在历史上有影响力的文化名人找不出一个，所以对于短暂停留在徐闻的汤显祖，乃至苏东坡，都觉得不同寻常。宇文所安说过，每一个时代都念念不忘在它之前的、已经成为过去的时代，纵然是后起的时代，也渴望它的后代能记住它，给它以公正的评价，这是文化史上一种常见的现象。多年后，当我成为一个追求文化的人，去读他们的诗，了解他们的人生，仿佛你离他们很近，很近，觉得很亲切，就像你的同代人或者同乡。

廖　琪：您大概在什么年龄离开的故乡？是离开后开始大量诗歌写作，还是在故乡时写诗就已有名气？

黄礼孩：我 18 岁左右离开徐闻。在老家的时候已经开始学习写诗歌，并有发表。在湛江读高中的时候已经在湛江的报刊发表了一些诗歌，在当地有点小名声吧，还被湛江市作家协会吸收为会员。在那个时代语境里，一个读书一般的小镇少年，文学突然作为梦想出现，也是拜文学所赐。

廖　琪："登云塔""白茅海""菠萝""阳光""海洋"……故乡的原风景，不断出现在你的诗歌中。"菠萝叶边上长着细密的锉齿/像是柔软的刀片，它要锯出成长的印痕/我少年薄薄的衣裳也渗出血迹/生活的道路是层层叠加的菠萝叶/大陆之南的阳光爬下梯子/在菠萝地上翻滚红流，折叠着炙热的疼痛/有时，我停歇手中的活/手搭凉棚望向远处，这世界不理解/贫穷角落困倦的少年/呵，请原谅我心碎得不一样/生活带来的是长刺的菠萝叶/而不是别的花朵"（《它不是别的花朵》），"这郁葱的丘陵像蓝鸟起飞/一晃而过的少女，她的秀发藏着梦的帝国/游弋的线条如时光的窃贼/盗来大海深处水草的语音/又缓慢地沉入菠萝地里去"（《我爱它的沉默无名》）……

这些应该是您看过世界之后，对故乡的自然景观和少年生存境遇的反观吧？富有亚热带、热带特色的自然景观虽然常出现在您的笔端，这些美好的意象，并非所有人都能真实触摸或者感受到，但这些诗歌绝对不是单纯地自然书写，它已沾满情感，故而也才真的打动人。

黄礼孩：诗歌是空间的艺术，离开出生地后，你有了适合的距离观照，会看得清晰，就像欣赏画作有时候往后站，更能看到画面的结构。诗人蒙塔莱说过，真正的文化是当一个人忘记他所学的一切时依然保留的东西。你提到的诗歌，我希望是情感的渗透，是语言的唤醒。我写故乡土地上的事物，它来自生命的体悟，是生命里复杂的状态。自从我到过世界不同的地方后，我会不自觉地把故乡与世界不同的地点链接起来，在这一过程中，我希望在熟悉的写作里寻找到陌生的声音。人与精神世界结为一体，情感的深切表达才有在场感，也是记忆的回声，同时，时间的回声梦想着文本的自由。

廖　琪：作为广州、徐闻的文化名片，这些年您不遗余力地推介徐闻，这种超乎寻常的热情，源自什么？

黄礼孩：为自己的家乡做点力所能及的事情，这是天经地义的。很惭愧，我能力非常有限，做得还远远不够。对于徐闻这个远离发达经济与文明的地方，其欠缺的地方实在是太多。最缺的应该是先进的观念、意识、思想吧。因为愚昧、无知与落后在任何时候都是我们的敌人，当智慧、勇气、激情、梦想及创造的心灵在徐闻人心里生出来，用不了多久，家乡会得到改变。当然，说到具体的欠缺，应该是政策的宽松给予及持续的投入。

情感源头：母亲与"海棠"意象

廖　琪：除了故乡，母爱也是一个人情感的源头。

"海棠花像火烬/呼吸在我漆黑的内心/天堂的一朵朵火焰/划破我记忆的皮肤/伤痛仍在原处/母亲手上的银器/像海棠花一样掉下/碎了"（《掉下》）。

"那是一个我用斧头/修改木头的日子/它是白昼也是黑夜/它

是母亲在深夜/坐一次慢船去天国看病/她越来越远离她的身体（她爱着我们，却不再拥有）"（《远行》）。

"十六年了/房子后的海棠树已枯败/这关闭了的屋子/就像海棠花的眼睛/合上了就再也没有睁开"（《永别》）。

"一朵熄灭的火焰奔向星星/我不知道它能到哪里去/它跟我一样呼吸、颤栗着/它的暗/像闪电一样跪下来/我不知道那一年母亲是否带走了我的乳名"（《睡眠》）。

这些诗歌读来，令人心碎，朦胧中似乎在看到孤独无助的小男孩守在母亲床榻前的情景。一个人对母亲的眷恋爱护思念又无力的情感都呈现了出来。

这些诗成于何时，母亲跟海棠的意象是怎么关联起来的呢？

黄礼孩：母亲对我的一生影响极大。母亲去世时我刚初中毕业，一直很迷茫，也很无助。后来写作，母亲这个最直接的形象就不断出现在诗歌中，这里面是寄托，也是爱的铭记，是永恒的记忆。诗歌里的"海棠"其实是另一种花，叫"黄槿"，是我弄错了。母亲跟"海棠"或者"黄槿"的意象，都是童年的记忆。小时候在黄槿树下长大，南方茂盛的植物或者阳光般绽放的花朵，仿佛都隐匿着母亲的身影，写作让我在词语的沉默里安身立命，找到了慰藉，那是爱的依恋。每一个写作者，内心都有各种念头，关于母亲的一切，从来没有消失，母亲作为一种生命就存在于诗篇里。

廖　琪：作为较小的儿子，在母亲有限的陪伴时间里，获得的爱深沉又永恒，"母亲的行走是花朵上熄灭了的火焰"，"黑夜的尽头涌动着恐惧与陌生"，这些会不会成为您人生和诗歌哀伤

的基调和情感的缺口？（很抱歉，我这样问）

黄礼孩：哀婉与感伤确实是我诗歌情感的一面镜子。少年时代，我就是一个忧伤的牧牛、牧鹅、喂猪少年。这与生存的状态，与生活的困顿，与无助的人生都有关。母亲作为你生命中最重要的庇护者，当她生病了，你也觉得自己生病了，这样的伤痛一直留在记忆里，成为生命的痛苦。多年后，当我慢慢找到自己的小理想，随着写作题材和思考的东西多了后，这样的情绪才得到拓展与转移，但从来没有消失。

廖　琪：人生而孤独，渴望爱和被爱，是一辈子的课题。您怎么解读爱？

黄礼孩：爱，始于渴望。有什么样的爱，就有什么样的人生。关于爱，我觉得保罗的《爱的颂歌》说得最经典了。爱是一种发现和践行必须在爱中完成，人生才有意义。应该说爱是生命的支柱，爱是无尽的喜悦，每一个人都渴望这份喜悦的沐浴。

廖　琪：我读过的您的纯粹的爱情诗并不多（许是我孤陋）。"爱情没有预兆，它像雾中之船/来到跟前才察觉，而它远去/似是水中之月，只留下暗转的远影"（《花布衫》），是含蓄朦胧，短暂又无疾让人伤怀的爱情。

《给飞鸟喂食内心的彩虹》中"远在他乡的水银姑娘，我沿途收集你的碎片/却又在风中丢失，此地终是陌生的旅程/想起上次的告别，忧伤像海水从未停息/一个人携带的地中海，越来越辽阔/我推开迷途，试着给飞鸟喂食内心的彩虹"。这首脍炙人口的诗，内含的情愫给人无限遐想，"水银姑娘"是不是有什么隐喻（水银是有毒的，难道寓意爱情也有毒？或者说诗人中了爱情的毒)？即使"忧伤""迷途"，但"我"仍试着"给飞鸟喂食内心的彩虹"，是像信鸽一样捎去爱恋者内心深处最美妙的思念、祝福和情愫吗？

黄礼孩：《给飞鸟喂食内心的彩虹》这首诗歌很多人喜欢，但很少人知道"水银姑娘"是什么意思。可能是我写得过于隐秘，给读者带来了困扰。"水银"在诗歌里，可以理解为"像水银一样的姑娘"。诗歌看起来抽象，没有具体的情节，但诗歌很多时候也是诗人的一种自传。"水银"是我认识的一个女孩，聪颖、美好，我喜欢过她。有一年有机会与一些艺术家前往欧洲，她答应与我一起去，后来她没有赴约。诗歌写了一种离别，但又不想写她的名字，就用她喜欢的"水银"代替。诗歌是一种言外之意，诗歌之所以令人着迷，是因为它藏有一些隐秘的东西。对读者来说，不知道也不会影响阅读。

宗教情怀：慈爱、博爱、大爱

廖　琪：您身上萦绕着一种不俗的宁静，波兰诗人亚当·扎加耶夫斯基说的"散发出一种善良，脸上洋溢着气息生动的微笑，这种友好的微笑又如此具有说服力"，诗歌中也透着宗教般的沉静、神圣。这种不同于一般人的神圣感，叫我总认为是跟宗教信仰有关。即使没有受洗，但基督教宗教的情怀和道义，原罪思想，慈悲，博爱，是否已渗入血脉？形成思想烙印？

黄礼孩：人生应该是一种燃烧的热情。我也有孤寂、不安的时刻，但与真诚的朋友们在一起做事情或者探讨一些人生话题，环境会改变人的情绪。我希望自己是生动的，而不是一个废物。我自认为自己是善良的。善良是一种品质，它必须在你的血液中。以前与诗人东荡子、世宾等几个人一起提出的"完整性写作"是在美国"9·11"事件发生的那段时间里，我们看到世界的破碎与人的残酷，就想用诗歌中的明亮精神来消除内心的黑暗。诗歌必须去追求一种更高的精神之光，它是灵魂的救赎。人的能力是有限的，但基督教宗教的情怀和道义是无限的，作为诗人应该看到这点。当神性作为一种尺度，写作才可以被丈量。

廖　琪：从您的很多诗篇中，看到的不是宏大，更不是盛赞。您关注很多人根本看不到或者不屑看到的小事物上，卑微的生命，隐秘的情感，弱者的尊严。

比如那朵在山道拐弯处沙土上盛开的花儿，"没有多少人注目它，它也不为多数人盛开/它没有野心，不多情，有一些荒凉/它把小小的坚韧藏好，挽着泥土的手/数着自然的日历，心底一亮，就翻过岁月的山坡/生活没有什么可以炫耀，我保留了拐弯处被遗忘的花朵"（《我保留了拐弯处被遗忘的花朵》）。

像沙子一样微小的苔藓，没有人知道它们的身世，阳光偶尔对它露出笑容也很快消失，如此卑微的生命，"习惯用潮湿的眼睛看一切/呼吸腐败的空气/它坐在暗处/似乎在等待"（《苔藓》）。

"我知道再小的昆虫/也有高高在上的快乐/犹如飞翔的翅膀/要停栖在树枝上"（《飞鸟与昆虫》）。

"我珍藏细小的事物……它们生活在一个被遗忘的小世界/我想赞美它们，我准备着/在这里向它们靠近/删去了一些高大的词"（《细小的事物》）。

我们从小接受或者耳濡目染的教育：追逐卓越、更高、更强、更远、伟大、崇高、炫目，但诗人的敏感、同理心、眼光放的位置，是和普通人不一样的，悲天悯物的伤怀，从很小的事物上获得"一花一世界"的顿悟和馈赠，从渺小、苦难、贫困、不公、残缺、遗憾、灾难、多舛、吊诡、无力，追逐善、美、光明与命运的恩典——从"残缺的世界里辨认出善和光明"，这其实传达了你的人生观、生命态度和诗歌观。

诗意匮乏，俗世庸常，消弭人的灵气，一个人与自我、与他人、与人生、与世界，充斥着矛盾，怎样达成和解？

作为诗人，您认为，您的使命是什么？作为个体，您认为，您的功课是什么？

黄礼孩：你读我的诗歌很仔细，读出其中蕴藏的大意，或者有些其他读者没有感受到的情感。我写那些小的事物，是因为自己也是一粒尘埃，与自然中那些不显眼的事物是同等的，并不比它们高贵。过去漫长的岁月里，历史写的都是大人物，小人物几乎不可能被记录、被书写。为普通人书写是困难的，但你得为那些平凡的人生发声。有时候就是通过这些小的事物来替代某种感情。诗人，在国外曾经被赋予很多不同的社会意义，但现在诗歌很难成为一种力量，很难再去影响社会生活。每一个诗人对自身都有不同层面的定位。我作为写诗的，希望在写作上能够灵活运用汉语，写出有辨识度的诗歌，写出能够触动心灵的诗歌，能够与当下发生关系的诗歌。当然，我因为做不同的诗歌推广，如我们的国际诗歌奖、广州新年诗会、《中西诗歌》杂志等都在不同的层面被诗歌界之外的人看见。艺术家渠岩老师说，"当下的诗歌因为黄礼孩而变得有魅力"，当然这是鼓励的话，但同时告知我们，诗在功夫外，诗歌需要一种美学上的转换，从这一点上说，我的使命是"诗歌如何被看见被听见被触摸"，这也是一个诗歌的生命旅程。个人丰富的情感、敏锐的思想、有效的表达就是我的小功课。大的功课，当然是我的生命境界是否可以更高一些，能否把边界拓展得更远。

廖　琪：您诗歌的一个关键词：命运。"命运信仰了黑暗"（《缅甸的月色》），"就像芬芳散尽，才是花朵的命运"（《来年的花朵》），"我对命运所知甚少"（《飞扬》），"命运早晨给予的，傍晚又收回去了"（《远行》），"她丰盈的乳房/已被命运温柔地看见"（《被命运温柔看见》）。我想听听您怎么看待自己和他者的命运。

黄礼孩：诗歌是已知与未知之间的世界，命运正好有这样的特质，命是一种生老病死的定律，运却是变化的、流动的，为前面几乎是既定的事物带来变化。我也没想到自己诗歌里出现"命运"这么多，可能是一种内心暗示，对未知的世界一方面是好奇、渴望，另一方面是不安、恐惧，这么多复杂的事情，有时候会在诗歌里流露出来。世间万物相连，命运这东西是与他者有关系的。当你用爱去支持这个世界，他人的命运也会往好的地方发展。比如诗歌，如果带来好的心境，带来新的认知，诗歌自然就是大地上的光。诗歌就像命运，有着难以把握的一面，但我们渴望控制语言的流向，让词语的力量把你带向你内心的乌托邦之地。

廖　琪：您在书里写道："长着一颗背叛俗世生活的心，身体在物质主义之内，精神在边界之外，这双重的折磨，它们具有真实的幽灵般的命运，仿佛正面已经走向了死亡，它的反面未曾诞生。挣扎出诗人，诗歌是诗人展示出来的荒诞世界，一如在阴影中，我们看到光反抗着诞生。我确信，明暗之间，有一条界线，仿佛词的闪电。"赌徒的心也是诗歌的心。写作是对边界超越性的寻找。那么，这个界限在哪里？

黄礼孩：因为写作与人生都是有限的，我们都是有限性的人，所以渴望去寻找精神世界里的无限性。至于边界在哪里？这不是科学问题，而是艺术问题。比如地平线出现彩虹，它就有了一个新的界限，彩虹消失，界限也随之消失。每个人的界限都是靠想象力来决定的，想象力强大，其边界也在无穷变大。有些诗人的内心狭窄，其边界也就变小了。边界什么时候都与变化的心灵相呼应。我们说明与暗之间有界限，就像爱与痛之间有痕迹一样，有时候是可以感受的，很多时候无法抵达，所以界限里有自由与飞扬的召唤。

个体的真实到群像的现实：介入现实的质感与升华

廖　琪："今天早上，我去赶地铁，不断地/接近生活，在生存的深处"（《独自一个人》），"时代的丛林就要绿了""我的心在疲倦中晃动/人生像一次闪电一样短/我还没有来得及悲伤/生活又催促我去奔跑"（《谁跑的比闪电还快》），"生活是一条没有归途的路/那些被抵押的日子充满了敌意"（《被抵押的日子》）……

现实中无处不在的哀伤、失意、贫穷、苦难、困境，对速度的反抗，对抗被异化，这些诗歌呈现了个体的真实和现实。我有一个疑问，即使你已扣响了扳机射出了批判的子弹，为何诗歌呈现出来的情状，并不是低处的沉重肉身的呻吟，无论作品内质如何，起码作品的表象始终给人"轻快"的感觉，无论多么现实残酷，您呈现出来的都有一种浪漫主义的情怀。从黑暗转化为澄明的轻快与灵动，"将生命、良心、自由、希望、欢乐和悬而未决的激情置于真理和理想的庇护下"，给人高蹈、理想和浪漫的精神指引。这并不容易，除了思想的升华，精神境界的超脱，这样的诗歌美学品质，是否跟心性有关？它是怎么一步步建立起来的呢？

黄礼孩：写作是可见的，但又像暗房的工作，期待冲洗出满意的照片。写作显然是一门手艺，你得不断锤炼，才能熟能生巧。"巧"的发生是一种渴望与热爱。"巧"，是之前的能看见，到后面的无可见，这既是经验，也是思想发生的偏移。我们得承认天赋这件事儿，我天赋不足，但多少还是有一点儿，当你启动后期的努力，之前残缺的天赋也会得到一些修补。我相信自我教育这回事儿。我得去教育自己，才有一个生命的转变。对于诗歌的写作，你必须渴望，渴望一个乌托邦，也许你企及不了那个世界，但你内心有了那样的图景，内心的激情会一步一步帮助你去完成。

廖　琪：语言的高妙、精美，又是怎么修炼出来的呢？这也是我非常惊讶，觉得不可思议之处。

黄礼孩：诗歌是语言的炼金术，当你着迷于语言带给你的世界，你就想办法去做到。写作就是让语言发生之前所没有的折射，你就想办法去擦亮语言。一是训练自己的语感与内心想象力的契合度，二是把心力放到你的笔下，尽量去描述你以前没有描述过的事物，不去重复自己的意象与语言，不要被惯性的思维统治。

廖 琪：《条纹衬衫》是我并未过多留意的一首诗，经世宾的解读，一下打开了文字背后辽阔的情感和世界。这首诗是创作在何种情景，其实作为诗人您自己表达的初衷是什么，那么呈现出来后，与读者的解读是否出现偏差（承载着较多的现实指向、信息体量，隐喻密布、意象集中、意境辽阔）。

"风尝着命运的灰烬。就此别过/一个囚徒被押往徊徊之地/凭什么去解开生活的纽扣/疑问是条形衬衫/穿在身上，像一个从污水之河里/上岸的人，淌着水。这包裹的水纹/渴望阳光猛烈地折射生活/阴晴不定的游戏/为躲开谜底而涂黑这个世界/一只病虎，轻盈如蝴蝶/没有蔷薇之园可穿过，它提着镜子与灯/寻找一件边缘潮湿的条纹衬衫/世界需要新的编织，需要绣出爱的颜色/却从不脱下那件死亡的衬衫/猫头鹰躲在口袋里，幽灵一般的视像/随时把命运带入不详的黑色梦境"（意象有条纹衬衫、猫头鹰、黑色梦境）。

黄礼孩：诗歌有时可说，有时不可言。有些东西说透了，反而没有个中的那么一点小障碍，一览无余肯定不是好诗歌。诗歌存在误读也没问题。所以，对于这首诗歌，看读者内在的闪光照在哪里就看到哪里吧。

廖 琪：直接书写政治的不多，《去年在朝鲜》是一首引人关注的诗："猫头鹰在夜色里闪烁警惕的眼""这里没有通往教堂的道，也没有去酒吧的路""这个不为人知道的国度，一味披着神秘的面纱""树林犹豫着，在风中展示一个假冒的真理""大海在朝鲜是一头困兽""一个再自闭的地方，大海也要唱出它的歌，时间有足够的耐心等到海水蓝得心碎/封闭在贝壳里的歌声也要唱出人性的嗓音，充满群山和海洋"。

即使面对政治这么敏感的话题，您也没有过激的言语、露骨的抨击或情感宣泄、隐喻暗含其中，从文字中给人读到那个国度人民的生存境遇，作为人的不自由。结尾导向一种精神的反抗，对自由的渴望和高歌。

您认为面对政治和负面事物，诗人该做些什么，诗歌要怎么不违心地表达？

黄礼孩：《去年在朝鲜》是我比较满意的一首诗歌，奇怪的是这类诗歌，我后来写得少了。诗人处理的是语言与价值的问题，不存在只写光明不叙述黑暗，或者只爱成功不看失败。不是这样的。一个好的诗人，他（她）得有内化的能力，面对一个现实的题材，得思考，如何写出其新意，写出其思考得到的部分。诗人不能太过于沉迷现实的外部时间，必须从被支配的精神里去发现什么。

廖　琪：传统文化、古典诗歌对您是否有深刻的影响？更多体现在哪里？是精神层面吗？

黄礼孩：当然，作为中国人，传统文化就像空气一般存在，我们不可能脱离现实独自生活。古典诗歌是我们精神的背景，是我们的食粮，是生活的底蕴。古典诗歌与节气有着密切的关系，它不断把过去的时间拉到眼前，古典也成为当代的一部分。

廖　琪：您喜欢哪些中国诗人？比如苏轼？

黄礼孩：喜爱的古典诗人还是蛮多的，他们的生命、诗歌都充满了诱惑。至于苏轼，他的有限与不朽都跟时间有关。在思想、文学、艺术上，苏东坡都是全面的，他是一个天才，也是大师。

廖　琪：现代诗歌和中国古典诗歌是否有精神传承的脉络?

黄礼孩：当然有。现代诗歌和中国古典诗歌尽管形式上已经不一样，但精神是相通的。比如有时读杜甫的诗歌，你会觉得他是当代诗人，是因为他诗歌里既是个人的表达，也是对人类世界的陈述，他诗歌里的愤怒、愁苦和殷切的期望都带着流动性，来到我们的生活中。

廖　琪：外国诗歌是不是对您影响更大一些?

黄礼孩：一个诗人，他（她）需要更多的文化滋养，这个文化不仅仅是本土本国的，也有外来的。诗歌一直在追求民族性声望和国际性伟大，诗人应该拥有人类伟大的心灵，这样的心灵让他（她）成为独特命运的诗人。我早年的写作受中国现代诗歌影响，后来视野打开，国外诗歌的光也就照了过来。显然，当代外国诗歌一直影响着我。

廖　琪：从五四运动的白话文，胡适等人倡导的新诗到今天百年了。诗歌的汉语之美，它的现代化和经典化，您怎么看?

黄礼孩：经典化，一直都在进行，但这个是很难的事情，一切都得由时间和人类的心灵来选择。有些诗歌在诗人活着的时代可能被发表、被阅读，不过未来经典化并不应表现为受欢迎。能够经典化的诗歌，有一部分是现代化的，有一部分需要在漫长岁月里，让不同时代的读者都有共鸣。所以诗歌的普遍性是需要的，但诗歌处理语言与经验也是美学精神。经典是诗人与一代代的读者一起完成的。

廖　琪： 波兰诗人亚当·扎加耶夫斯基，对您影响很大，我看到您写了很多关于他的文字。他对您的评价也是极高，他说"当看到黄礼孩诗歌的译文后，我惊叹不已。这才是真正的诗歌"。那么，您认为的好诗是什么，怎样才算有"诗"味？

黄礼孩： 亚当·扎加耶夫斯基先生对我有影响，他认清了偏见与不公正，他诗歌在处理现实题材时没有纠缠于现实，而是写出他自身切实感受到的世界，在个人经验里呈现了世界经验。我很高兴，他读了我的翻译诗歌之后，给予我的鼓励。所谓好诗，虽然因人而异，但还是有一个共识，诗歌不是语言上的陈词滥调，它要有想象力和语言上的更新力，能够为读者创造一个世界，你在阅读之时，能体味到其中的微妙。

廖　琪： 我在您身上发现了您所做之事的共通处，诗歌、建筑、舞蹈、音乐、影视、装帧设计、文化活动、美丽的女孩……您爱所有美的事物，痴于人间一切美好，是一个心灵上名副其实的美学家。

黄礼孩： 过奖啦，艺术家生活多少带着想象吧。我们几乎总是生活在物质的前面，我只不过想在平庸的人生里活得有点乐趣而已。

廖　琪： 您曾说，物化时代，大众远离当代诗歌，却又热衷于诗歌的种种秀场。那么，这么多年您策划了各种诗歌活动、文化品牌活动（冒昧，我的意思并不是说这些活动是作秀）、新年诗会、文学散步………吸引了怎样一群人，于一座城和普通市民是怎样的一种在场？

黄礼孩： 你说的，也许就是生活的矛盾之处。不过，所指不同。普通市民有他们的生活仪轨，他们不关心诗歌等审美事物，他们也不知道自己会喜欢诗歌，但他们又有随大流的特点，所以得有更好的东西给到他们。新年诗会作为一种创意文化，它适合引领普罗大众。

廖　琪： 勘探一个人的过往和现在，探究他之为他的缘由，是非常令我着迷的一件事。我一直都有个疑问，您怎么可以做到那么谦和、谦卑、不愠，又如海一样深邃深沉，叫人着迷？

黄礼孩： 谁的人生不是千疮百孔？你这是逗我吧，我有吗？如果有，我将视为一种荣耀；如果没有，这是一生的努力。

廖　琪： 如果给您选择，您想做自然界中的什么？植物、动物还是一束光？

黄礼孩： 做诗人安德拉德的"一只鸟"吧。他在《等待》中写道："时间，无尽的时间/沉重，深邃，/我将等待你/直至万籁俱寂/直至一块石头碎裂/开放成花朵/直至一只鸟飞出我的喉咙/消失于寥廓。"我希望自己是这么一只时间之鸟。

廖　琪： 是否还有梦与困惑，甚至恐惧……

黄礼孩： 梦与困惑，恐惧，什么时候都如影随形。

　　王十月：本名王世孝，湖北荆州人，1972 年生。中国作家协会全国委员会委员，广东省作家协会副主席，《作品》杂志社负责人。2000 年开始发表小说。主要作品有长篇小说《烦躁不安》《31 区》《活物》《无碑》《米岛》《收脚印的人》《如果末日无期》，中短篇小说集、散文集《国家订单》《我们的罪》《父与子的战争》等数十种。作品曾获第五届鲁迅文学奖中篇小说奖、人民文学奖、《小说选刊》年度中篇小说奖、百花文学奖等。有作品译成英、俄、西、意、日、蒙文。

王十月：塑造时代的真文学与好"作品"

廖　琪×王十月

作为编者的王十月：殚精竭虑

廖　琪：您是以作家身份跻身、蜚声当代文坛，但今天提到"王十月"，不少人脑海中浮现的应该更多的是您的编辑身份以及《作品》的形象。能谈谈您这几年做编辑的感受吗？

王十月：我从 2020 年开始主持《作品》杂志的工作，但我的热情已经消耗得差不多了，因为之前的几年，《作品》实际上是按我的想法在进行改革，每一次变化，每一个栏目设置，从封面到选稿，都是我在实际操作，老领导杨克放权，我就放手来做。但许多的事情并不是你想做就能做好，不是能力问题，而是有很多无法越过的阻碍，我能做的，是尽我的努力做到最好。我们的老主编，欧阳山、秦牧，都是文化大家，我接手这份刊物，自然是有压力的。我没有他们那样的文坛资历，而且我们所处的时代，文学期刊面临的环境也不一样了。

我经常对编辑们讲，编辑要放下身段，不能以老师自居，哪怕对方是一个文学新人，我们就是服务员，是为文学服务的。因此，要说继承了什么，那就是继续了对文学的这份敬畏之心，要说发展，老一辈所处的时代，文学不需要推广，而我们现在，要不遗余力，让更多年轻人接触到严肃文学期刊，从而爱上经典文学。这项工作任重而道远。

过去人们常说"办刊就是办主编"，这话也有一定的道理，刊物是同事们共同办的，但体现的是主编的风格与审美。《作品》曾经辉煌过，也曾经沉寂了太久，如果给我十年时间，我是有三步计划的：第一个三年，我要让文坛能够意识到、重新开始看到《作品》的存在，发出我们的声音；第二个三年，听到《作品》和我的声音；剩下的四年，引领这个时代的文学。

我认为过去李敬泽办《人民文学》很了不起，现在这一批中坚的 70 后作家基本上个个都受他的恩惠，都是被他发现的。当别人都不认可你的时候，只有他力推你，像我当年发《国家订单》的时候，他卷首就写了一篇文章，后来差不多有十五六种选刊选本选我的文，一下子就形成一个现象。有时候不是说作家写得有多好，而是与刊物的这种推介有关，编辑在发你作品的时候给了你足够大的力度。当时我是个默默无闻的打工仔，很多人觉得这个作品是粗糙的，这个作家也没名气，但李敬泽从我的文字里看到我的光彩，他能够发现一个人的独特地方，发现这个东西在我们这个时代的稀缺性，所以他真的是很厉害。打工文学也好、非虚构也罢，都是他引领的话题。

廖　琪：您是如何经营《作品》杂志的？

王十月：融媒体时代纸媒日渐式微，文学期刊甚至文学的价值不断受到质疑。每期几千册的销售量，能有多大社会价值？今天该如何看待纯文学和文学期刊的价值呢？我反倒认为这不见得是坏事。但作为一个期刊工作者，今天做期刊，必须不遗余力地推广，让更多年轻人接触到严肃文学期刊，从而爱上经典文学。

我的办刊策略，就是十个字——内容经典化，传播大众化。我们在栏目设置上很用心，打造有话题度的栏目。创设了"大家手稿"栏目，从2013年开始，这个栏目发表了国内百余位名家手稿；"民间诗刊档案"栏目，把中国所有的民间诗刊梳理了一遍；策划了"经典70后"栏目，对实力派70后作家徐则臣、张楚、弋舟、魏微等进行研究，当然我们对新人也是不遗余力地推介；"网生代"栏目专为在校大学生而设；"世界文学"栏目具有国际视野，推出了不少有影响的海外华人或华裔作品；今年（2022年）我们更是推出了"大匠来了"这个栏目，发表了毕飞宇、王安忆、贾平凹、阎连科、韩少功等一批名家的重磅对话；我们还计划推出"超新星爆炸"栏目，全力推举新人。这就是内容经典化。

在"传播大众化"方面：我们策划了"内刊之星"栏目，把杂志直接推到地方的文学爱好者手中；团结高校文学社团，向全国150所高校的文学社团赠送杂志；组建"评刊团"，我们的评刊团有几百人，来自全国各地；另外，我很重视新媒体，我们的微信公众号粉丝数肯定在国内文学期刊中排前三。2020年4月16日我们进驻抖音，今年又进驻了小红书、B站，在新媒体领域全面开花。

廖 琪：《作品》抖音号确实让人眼前一亮。短视频时代，可谓"无抖音，不销售"。对于文学究竟要不要"抖"起来仍存争议，在很多人尤其是所谓的文化精英们看来短视频的传播方式，无疑是把"仙女"拉下了凡间。对于一本官办的、不需要盈利的纯文学期刊，为什么要"多此一举"去蹚短视频的"浑水"？这不更应该是有经营任务的文学出版单位该干的活儿吗？您如何消化来自各方的声音？

　　王十月：对于用抖音传播文学这个事情，我是这样看的：内容的生产与传播是两条不同的机制，作为作家，你可以不理会传播，但其实也不是说作家就都不想，很多作家自身也是参与到传播中来的，我们今天的很多作家去参加各种研讨会、签名售书、读者见面会，这本身就是一种传播。莫言在这一块做得很好，他很热心地投入新媒体的传播中。作为编辑，除了做内容，还必须做文学的传播者，必须具备起码的营销意识，做传播你就得掌握最强势的传播手段。所以，期刊开抖音号，是我们的工作，也是在执行"内容经典化，传播大众化"的基本办刊策略。抖音是当下最强势的新媒体，如果我们不加入，何谈"传播大众化"？得跟上这个时代，利用好这个时代的宣传利器。包括我个人开抖音号，最初的动机，也是因为杂志要开号，作为杂志负责人，我得试水，要知道怎样才能做好抖音，如果我自己都不知道怎么做，如何做好杂志的抖音号？这是个简单的道理，就像主编不懂稿件的优劣，就无法办好刊物一样。我看到有些文学期刊也开了抖音号，我无权置喙，只做我们刊物要做的事。

　　廖　琪：做抖音是否影响您的创作和生活？最大的收获是什么？

王十月：影响写作是自然的，但有利于办刊。一条抖音，从文案、录制、剪辑到后期的留言回复，的确很花时间。因此作家开抖音，我持保留意见，可开可不开，根据自己的写作习惯和时间而定，但现在我的身份是编辑，写作是我的业余爱好。编辑开抖音，于刊物肯定是有益的。至于说收获，要看你做抖音的初心是什么。抖音数亿用户和创作者，其类型无外乎三种：自娱自乐型、变现主导型和分享付出型。自娱自乐型，相当于朋友圈，这是抖音用户人数最大的一个群体，但自娱自乐的抖音号，流量一般都比较小，也有极少数爆款的，粉丝多了之后开直播的也有，直播效果一般都不太好。常有几十万粉丝的号，直播时只有几个人看，或者直播时上万人看，但没人打赏。变现主导型，是有明确经营目标的，背后多是机构孵化的网红，这种号制作精良，定位明确，流量大，但最后都有一个共同目标——变现。分享付出型，如分享绘画、天文、历史、时政、经济、哲学方面的抖音号，这些号的产出者多是行业精英，做文学分享的号特别少，做文学创作分享的号就更少之又少。因为纯付出，没有收益，对付出者也是不公平的事。在抖音中，分享付出型的抖音号无论是流量，还是人数，都居于自娱自乐型和变现主导型之间，流量比不过机构，但比纯自娱自乐型的粉丝黏度高。分享付出型抖音号很难变现，作者也没有变现的冲动。所以作家开抖音，要看他想干什么，如果想当网红，那趁早别做这白日梦。如果是自娱自乐，那和平时看电影、打球一样，不过是休闲之一，有什么好指责的？《作品》做的抖音号属于第三种，只是做传播，为作家提供直播，《作品》杂志和编辑没有收益。另外，我认为文学是出于表达的需要，抖音不过是换了一种形式的表达。很多人不理解，觉得王十月做抖音哗众取宠，来自文学界什么难听的话都有，独善其身谁不会？我又不是不知道。但世人总是以己之心度他人腹。我选择了做抖音，就不在乎这种难听的话。分享一条我的抖音文案："每个人的心中，都有一把顽固的尺子，并认定这尺子代表了标准和真理，我们用这把尺子打量世界，但凡和这尺子不合的，都认定是被打量事物的问题，却很少有人反思尺子的问题。于是，就产生了傲慢与偏见。"我收获了来自同行的傲慢与偏见，却得到了陌生人的肯定与赞美，天之道，损有余而补不足，一得一失，正符合天之道。

廖　琪：得年轻人得天下，抖音号如何迎合年轻人？

王十月：受众精准化投放是我们一直琢磨的事情。目前，《作品》的短视频类型有写作知识分享、新书推荐、编辑部故事（编读写互动）。归根到底，做抖音会逼着我们去想年轻人喜欢什么，关注什么，怎样要在一二十秒之内把核心的东西拿出来。写抖音文案时我发现以前写作的废话真多，按照抖音文案的标准，一篇文章最后留下的就是精彩的东西。抖音的方法对我们文学创作的影响，不能忽视。当你在里面讲述文学观、世界观时，可能会有几百万、上千万的人看到，这种影响不容忽视。

《作品》试水抖音成为文学界热门话题，我们还在摸索中，现在有六七万粉丝，有上亿的播放量，有失有得，可算是文学传播的一个机遇。短视频平台让我们与读者有了面对面交流的机会，也让更多的年轻人更好地了解文学。

廖　琪：《作品》编辑部目前仅有四五人，维持正常事务、出刊、活动、宣传、创作，已非易事，又要平衡那么多关系，如何兼顾您的编辑理想？

王十月：有一次，与青年作家马笑泉谈到《作品》，他说杂志这些年的变化文学界是有目共睹的，但《作品》还是要打上更强烈的风格烙印才好，比如《天涯》，无论谁做主编，刊物风格是延续的，现在《作品》打上的是王十月的烙印，王十月不做了，刊物就会变。我觉得马笑泉这话说得有道理，但也不完全在理。我们的刊物，要说特色，就是两个字——包容。《作品》可能是全国文学期刊中主编权力最小的刊物，我们给编辑最大的选稿权，主编从来不会直接命令编辑编发什么稿件。之前杨克约到稿子，交到我手上，我觉得不合适，经常直接退稿，杨克从来不会多说什么，他充分尊重我。有些人在网络上抨击杨克发关系稿，那是不了解我们刊物运作的流程。我们一审、二审、终审，是相互制约的。现在我主持工作，萧规曹随，所有投给我的稿子，我都直接转给责编，责编说不行就直接退。另外，现在郑小琼任二审，我也充分尊重二审的眼光。我做编辑时，所有投到我邮箱的稿件，我都会有回复，我会珍视每一位作者的心血。但我们选稿时，很多的时候，不是在选一篇具体的作品，而是在对一个写作者的未来作出预期。因此我们选发年轻人稿件的比例特别高。

廖　琪：怎么拒绝关系稿？

王十月：尊重自由来稿，不符合用稿条件的无论谁的面子都不看，一律拒绝。当你把人都得罪了的时候，就谁也不得罪了。这是我的标准和底线。

作为写作者的王十月：任人评说

廖　琪：我对您的小说有四点异常清晰的感受：一是（赎）罪感——一种近乎基督教精神要义的传承，宗教般虔诚强烈的精神忏悔、自省意识，这在《收脚印的人》《人罪》等一批小说中非常凸显；二是痛感——强烈的在场感、时代烙印，这主要体现在打工题材的小说中，比如早期发表的《出租屋里的磨刀声》，后来的《无碑》《国家订单》等；三是飘零感——一种强烈的身份焦虑，精神皈依的迷茫感，总像迷失在荒原大雾中一样，不单是个体的（如《理性时代：活物》），更是群像的（如《寻根团》），甚至整个人类的（如《如果末日无期》）；四是未来感——一种不失绝望的展望与幻想，主要体现在《如果末日无期》里。这种概括在学术上未必到位，但作为一个读者，这些是非常强烈的阅读感受。

针对（赎）罪感，其实人最容易做的事情就是推脱责任，对别人对自己的伤害记得最清。而您不是，很多作品都是在自我剖析、审视审判，这种解剖是从自我开始的。这种忏悔自省意识、肩负的使命和责任感，从何而来又为何如此之深呢？

王十月：对我的作品，我没有太多可谈的，读者感兴趣，可以去读我的作品，让他们关注我写了什么，而不是我说了什么。我特别喜爱列夫·托尔斯泰的作品，深受他的很多作品的影响。

廖　琪：当下各式各样的文学书写：政治化的宏大叙事文学、私人化消费性文学……而您的作品中常浮现一种大时代小人物、浩瀚宇宙渺小个体的漂浮无根感，反抗漂泊中寻求身份认同，对人的生存境遇的痛感……我一直都认为，文学是给弱者尊严，政治是给强者荣耀。在体制外时的书写，迫于生存的压力，没有身份的认同，我是可以理解这份焦虑以及生存的飘零感，但即使到了体制内，您的书写为何依然有如此强烈的对人的境遇的荒野迷茫感？

王十月：看世界一定是与个人的经历有关，我经历的事情决定了我怎么看这个世界，因为当时我写了《国家订单》，很多评论家写文章批评我，说我向资本妥协啊什么的，那是因为他们坐在书斋里，他们看到的世界跟我看到的世界不一样，我看到的世界可能比他们看到的要丰富要复杂，如此而已。至于在体制内的感受，我是一个没有归属感的人，到哪里都是这样吧。觉得自己是个过客，没有安全感是随时会卷铺盖走人的。我的小说，写下的都是我对外部世界、对人心的恐惧。

廖　琪：20世纪八九十年代，"打工文学"进入公众视野，却又好似一个流行符号，一阵风刮过就销声匿迹了，什么原因呢？今天再回看那一段历史和文学书写，您会更新曾经的认识吗？

王十月：我不去想是什么原因，这不是我愿意想的问题。我这辈子，最自豪的是我记录了这一代打工者的生活。

廖　琪：有一种声音说，王十月自从进了《作品》杂志社，没有痛感和生活了，因此写作只能转向科幻小说了。您早期写作的内驱力和目前写作的内动力是什么？怎么看待作家在体制外和体制内创作的不同。

王十月：我没有什么好解释的，夏虫不可语冰。我一直认为，把日子过好是第一位，但我的日子过得一直不好，不开心。我不是那种传世的作家，没有鲁迅的思想，不是苏东坡，也不是曹雪芹，我只是个普通的作家，普通的作家第一位就是把日子过好。我写作的驱动力，一直就是这个，为了过上好一点的日子。这个"好"，有物质上的，更是精神上的，是为了过上有尊严的日子。

廖　琪：我知道您有参与《奋斗与辉煌——广东小康叙事》的写作，像这类政府主导的主题性主旋律创作，如何兼顾自我标准与体制规则、艺术与真实？

王十月：这是单位交给我的任务，写作过程很累，但我也很感谢这次写作，我得以从理性的角度，从宏观的角度，重新审视改革开放的这几十年。

廖　琪：您并不认为《如果末日无期》是科幻小说，未来现实主义这个定位确实是很精准的。您是怎么创作这样的文本的？这一阶段的创作想法是什么？

王十月：有兴趣的读者，就去读我的这本书吧。我是很自负的，至少我认为这部书在某些方面是有贡献的。但大家不关注，那就拉倒，那是这部书的命，无福读到，也不是我的损失。

廖　琪：在不同文本里跳动，魔幻现实主义（如早年的《理性时代：活物》，我认为是有《百年孤独》的影子），魔幻现实主义与批评现实主义（如《收脚印的人》），批判现实主义（如《无碑》《人罪》），未来现实主义（如《如果末日无期》）等，风格无论怎么变，但一定有一个始终贯穿着自己理念的"常"的创作观，它是什么？

王十月：就是我手写我心。我的写作，一直是赤诚的。

廖　琪：您在《作品》推出"经典70后"，不遗余力地推介70后作家。您觉得70后作家着什么共性或迥异于前辈作家的特质？他们将在文学史上承担着怎样的作用？

王十月：也没有吧。都是人，是中国人，都在写中国人的生活，只是时代不同了，他们感受到的生活不同了，但人还是没有太多变化的。70后被忽视得太久，他们很优秀，这种忽视，是对他们的不公，有时我想想，觉得很不甘心，于是，想为70后做点什么，人微言轻，就是尽力而为，能做成怎样，听天由命。

廖　琪：什么样的小说才是好小说？好似是个终极命题。有人说是哲学化的小说，有的说是百科全书式的，还有说是写出未来主义感的。那么，您认为什么样的作家才是伟大的作家，什么样的作品才是伟大的作品？

王十月：这个问题太大了。我只想着，如何写好我们生活的这个时代和生活在这个时代的人。

廖　琪：您下一部作品会写些什么？

王十月：不太清楚，我有两三年没动笔了，如今在做文学教育。自己写不动了，教书育人，也是一个很好的选择。

　　阿菩：本名林俊敏，广东揭阳人，当代知名网络作家，历史学硕士，文艺学博士。中国作家协会成员，国家一级作家，中国作家协会全国委员会委员，中国作家协会网络文学委员会委员，广东省作家协会副主席，广东网络文学创作委员会主任，广东省网络作家协会副主席，第十二届广东省政协委员，中宣部2019宣传文化英才。曾获广东省"五个一"图书奖、第九届广东省鲁迅文学艺术奖。主要作品有《山海经密码》《唐骑》《网络小说生产》《山海经·候人兮猗》《十三行》（网络原名《大清首富》）等。

阿菩：网络文学创作的广袤土壤
仍然是中国传统文化

廖 琪×阿 菩

从发轫之作《山海经密码》谈起的网络历史小说

廖　琪：我个人非常喜欢《山海经密码》，整本书弥漫着浓郁的东方式的瑰丽想象与浪漫奇幻，跌宕起伏险象环生的故事扣人心弦，行云流水徜徉恣肆又诙谐诗意的语言字字珠玑……透着一个青年的风发意气，掩饰不住的蓬勃才气。我注意到，创作时您刚迈出大学校门，为什么会首选上古神话呢？又是怎样一股力量令您出手不凡地驾驭了这么庞大的叙事？

阿　菩：上古神话首先是我个人比较感兴趣的，《山海经》里的故事在我很小的时候就接触了，但正式阅读《山海经》则是在大学。中山大学的刘晓春教授（中山大学中国非物质文化遗产研究中心副主任）开设了民间文学课，讲述的《山海经》给了我非常深的影响。另外，我从小就读《史记》，大概从初中时期就开始读原文，对《史记》中上古这一块反反复复地读，这也是我创作《山海经密码》的素材源头。

写《山海经密码》，是大学毕业后没多久的事情。那时候刚参加工作，在一家商业周刊做记者，后来又转为编辑。那会儿人还年轻，在高强压的传媒工作缝隙中，满脑子千奇百怪的幻想，这些幻想又与各种古籍史料扯上关系，如《山海经》《史记》《老子》《庄子》《楚辞》等。

还有我那会痴迷于现代物理学，接触多了之后，逐渐发现，上古的典籍，先秦的宏论，比如《老子》的玄理与《山海经》的神话，在一些方面与最前沿的物理学简直是呼应得丝丝入扣，令我惊叹不已，想通了其中的道理后，我便心旷神怡。在我非理性的观感中，人类的历史不是一条直线而像是一个循环的螺旋。遥远的过去与遥远的未来有时候离得很近，近得超乎我们的想象，近得几乎要重叠。过去我们认为荒谬的神话其实暗藏真理，而物理学的终极指向则犹如神话般虚无缥缈。我无力于去推演物理定律，但年轻时的我想用一个故事来抒发我的这种强烈感受，用小说来为神话玄理与量子力学做媒，于是一发不可收地写了下去，就有了《山海经密码》这部 90 万字的神话历史小说。

廖 琪：您很擅长把故事安置在一个并非虚构的历史时空里，即使是神话故事。《山海经密码》只是从《史记·殷本纪》中的一句话演化而来，令本来可以完全天马行空"胡编乱造"的故事有了可依据的历史时间和地理空间：4000 年前的夏、商交替之际，中国发生了第一次暴力革命。放置在历史框架里历史与神话、神迹与人事的杂糅书写，异常考验创作者的学识，对一般网络作者也许是戴着镣铐跳舞的限制，于您是不是更好的成就？

阿 菩：2005 年前后大概有十来年的时间，构建一个世界，构建一部历史，这是当时网络小说写作的一个潮流，网络文学比较流行这种庞大的叙事规模，所谓的史诗级写作，要把那个新建构的世界写清楚，历史写清楚。慢慢地，读者又不喜欢这种庞大叙事了，反而越来越倾向于小切口，网络写作者们哪怕是写神话玄幻小说，经常是小切口的进入，比如一些宠物、美食。延续到2010年之后就又是另一股潮流了。但是从刚刚开始的前十几年，网络文学流行这样的叙事，那个时候诞生的网络大神、名家，基本上都是这种风格，奔着去建构一个新世界，他们也有能力去建构。

我是在不觉中暗合了这样的时代写作潮流。当然，我的史学和各种"杂学"功底成就了我。

《山海经密码》的故事肇始于《史记·殷本纪》里的一句话："帝太甲既立三年，不明，暴虐，不遵汤法，乱德，于是伊尹放之于桐宫。三年，伊尹摄行政当国，以朝诸侯。帝太甲居桐宫三年，悔过自责，反善，于是伊尹乃迎帝太甲而授之政。帝太甲修德，诸侯咸归殷，百姓以宁。伊尹嘉之，乃作《太甲训》三篇，褒帝太甲，称太宗。"所以开始在网上连载时题目是《桐宫之囚》。当我要叙述这个故事的时候，我发现我必须为他们寻找一个舞台。这个舞台包括历史事件、神话传说以及上古地理，而符合这些条件的先秦典籍，也只有《山海经》。

选择《山海经》更像是一种冥冥之中的注定，一诉诸笔端，不知从哪里就跑来了许多人物，从有莘不破到江离，从羿令符到雒灵，他们仿佛活了一样，有着我也无法完全控制的生命力，他们自己去演绎自己的故事，而他们活动的世界就是《山海经》所记载的远古大陆：4000 年前，一个叫莘不破的少年，独自游荡在如今已是繁华都市的大荒原上，他本是商王朝的王孙，王位的继承人，此时却是一个逃出王宫的叛逆少年。在他的身后，中国最古老的两个王朝正在交替，夏王朝和商王朝之间，爆发了一场有史以来最伟大的战争。后羿的子孙、祝融的后代，女娲补天缺掉的巨石，怪兽横行的雷泽（今天的江苏太湖）、战火纷飞的巴国（今天的重庆）……一个又一个的神兽妖兽逐渐冒出来，一个又一个传说闯入我的笔下，一个蛮荒而又充满历史真实感的世界诞生了。没错，那就是《山海经》中所记载的世界。

廖 琪：《山海经》这部上古百科全书，可谓中国艺术创作的活水源头，为后世提供了取之不尽用之不竭的创作素材。看得出您对《山海经》的钟爱，后又出版了同样以它为蓝本的《山海经·候人兮猗》。《山海经密码》说是有 30％ 的《山海经》并不夸张，小说中甚至对《山海经》中各种怪物、人物、地理作出注解和说明，让读者有了更深刻的注解之余，我个人认为，这部煌煌巨作还有一个贡献：把上古神话里零散的神谱系化了，建构了像传统武侠小说一样的宗派和谱系。在《山海经密码》里我还看到了西方魔幻、中国传统武侠、日本动漫等的痕迹，不知道这样说对不对？

阿 菩：的确，早期的写作会不自觉地杂糅很多我受过的影响。写这部小说的时候，我是试图把零散的上古神话做体系化、谱系化尝试，这是其他网络作者少有的。所有体系化的东西，都是人为修改的。小说写作要进行史学的支撑，对我影响最大的是傅斯年和顾杰刚的一些考证。尤其是傅斯年的《夷夏东西说》，他通过对古史与地理的考察，提出在夏商周三代及三代之前期，大体有东、西两个不同的文化系统。这两个系统，因对峙而生斗争，因争斗而起混合，因混合而文化进展。夷与商属于东系，夏与周属于西系，他探讨商族起源的路线问题，分析当时夏人的活动区域等，他的东、西系统说成为我们了解上古历史的一把总钥匙，让我对中国上古史的认识有了系统的脉络可循。我在初稿完成后的几年里，断断续续地对小说进行修改，在修改中我重新回去阅读《山海经》这本阔别甚久的"怪力乱神"之祖，并旁及一切和它有关的史料。

自大禹以降，历经夏商周三代，两千年间不断有史官修缮这本玄奇神幻的经书，为之增补内容。秦始皇统一六国，他从周王室那里夺取了传国九鼎，并将之从洛阳迁往咸阳。可是在九鼎西迁的路上，承载着《山海图》的九鼎却神秘地失踪了，从此只剩下九鼎的拓本《山海图》以及它的文字注解《山海经》了。秦传两汉，汉分三国，三国归晋，到两晋之际，连《山海图》也在动荡中丢失了。自此我们就只能依靠着《山海经》的文字记载来凭空想象远古时期的神仙英雄、魔怪妖兽了。

慢慢地我发现，在诸神传说的背后，隐藏着许多被湮没了的历史真相。一个个荒诞不经的记载，就像一个个的密码一样，是打开远古历史真实的钥匙，而那些骇人听闻的真相，就藏在历史长河遥远的彼端。我以《山海经》为导航，从远古神话进入，在这条历史长河中慢慢往下游弋着。一路上仿佛看到了炎黄战争的遗址，看到了蚩尤战败前的悲怒，看到了尧帝和他儿子丹朱的第一盘棋局，看到了娥皇女英在湘江边的啜泣。再往下，终于见证了大禹治水，定九州、铸九鼎，并将沿途见闻集成山海社稷图，铭刻在九鼎之上。看见秦始皇的远祖伯益呕心沥血地为《山海图》做注解，集结为《山海经》的最初版本（当然那个时候还没有这个书名）……不夸张地说，我现在可以称为《山海经》和上古神话的专家了（笑）。

廖　琪：在《山海经密码》人与神、妖、鬼、兽共存的时代，按照您的建构，世界分为俗世：有大夏，夏王为桀，八大方伯为商、郐、有莘、有穷、昆吾、涂山、朝鲜、蚕丛。玄宗：四大宗派为太一宗、洞天派、心宗、血宗，分别掌握着时间、空间、心灵、生命的奥秘，追求的最高境界是"不老不死之身"。此外，还有水族（无陆）：水神共工的后代族系。犬戎：西北的蛮族部落……这些建构是写作前就设定好的吗？

阿　菩：我没法从一开始就把东西构建得特别清楚，基本是搭了一个比较粗的框架，然后往里面慢慢填东西，一边写一些事物就不断地冒出来了。后世对《山海经》的解读出现有好几个系统，有时候对于同一个事物的解释都是冲突的。而我尽量争取每一个神符合上古的部落图腾，比如说飞廉这个神它是属于东夷派系的，它跟凤凰那派是有关系的；应龙是属于西边派系的，它跟西边是有关系的。此外，还有一些神是杂糅的，它既是龙派又是凤派，它有可能是处于两个部落的中间位置，同时受到两边的影响。

《山海经密码》里，我建构的大夏王族的始祖是青龙（属性为"木"），商国王族的始祖是玄鸟（即凤凰、朱雀，属性为"炎"），有莘王族的始祖是白虎（属性为"金"），能知过去未来的玄武（属性为"水"），邰国（即后来的姬周）王族的始祖是麒麟（属性为"仁"），蚕丛王族的始祖是蚕祖（属性为"土"）。

这些想象里都有历史的影子和远古的文明。

廖　琪：《山海经密码》里有太多奇特的情节：雪下压着的水晶一样的美少年（江离的出场），小相柳湖底藏着如天上人间一样的水晶宫（是水族女人为了阻止恩怨生活了 16 年的水底生活空间），蚕族的人临死前可以结丝成茧最后破蛹化蝶，神兽九尾狐，有穷之海……房伟老师评价："阿菩的《山海经密码》充满了对远古神兽的瑰丽想象，这样的网络小说不再只有好看的情节，还蕴含着对现实的书写和对传统文脉的传承。"

可不可以说，从这部小说发端，逐渐奠定了您的小说创作观：形成的文化自觉——对传统文脉的传承？

阿　菩：刚开始创作的时候并不自知，是创作到一定阶段后，慢慢理出来的。不只是国人，包括全世界的人类，只要是保留童心的人，基因里都带着对神话、奇幻、传奇这样故事的偏好，是对人类童年想象力的延续。中国传统文化为题材的网络文学作品，只有深入了解中国的文化血脉和文化土壤，清楚我们文化的根与脉、源与流，也才能创作出深受读者欢迎的佳作。《山海经密码》畅销百万是一个例证，曾登上当当畅销书榜榜首，繁体版在台湾地区面世，签约韩文版与越南版，中国电影股份有限公司购得影视版权。事实上，有中国文化、传承传统文脉的玄幻、仙侠、历史类小说，也是网络文学出海最好的类型。

廖　琪：除了对中国传统文化的了解之深，还有您对文字的掌控力，也是独树一帜的。

我摘录几段以飨读者。寿华城遭怪物围城之时："整个天空变成红色，数不清的火球划过天际，似乎没有规则地撞向远处的地面。""怪兽们疯了一样向大风堡扑了过来。箭发如雨，尸堆成山，血染如霞。"寥寥数语，无比生动。

江离第一次见到桑谷秀时："一片清澈的池塘，池塘边一棵桑树，桑树底下一片草地，草地上坐着一位女子，白衣如雪，黑发如云，一只鹦鹉停在她手上，牙牙学语。"一幅多美的丽人图呀！真是令人怦然心动。

当桑谷秀与有莘不破说起姐姐的死与对弟弟桑谷隽的无限关爱时，"纤纤池塘飞雨，断肠院落，一帘落花。"当靖歆与桑家密谈，有莘不破的身份呼之欲出时："大雨中霹雳一闪，怒雷轰鸣，不知惊醒多少梦中人！"……让读者身临其境、感同身受。

您是怎么修炼语言的呢？

阿　菩：这完全是浑然天成的，作家还是要讲天分的吧（笑）。

廖　琪：《山海经密码》里人物众多但不繁复，人物性格极其饱满：自由不羁的有莘不破；温润如玉的江离；沉稳有担当的羿令符；善解人意的雒灵……芈厎、燕其羽等一些配角也同样给人深刻印象。这些人身上，尤其是有莘不破，我总揣测潜藏着您的影子，尤其是一出场的"荒原"，少年向往神秘世界，一段段冒险之旅，神力无边，命运无常……一个男人的长成，又是一种西方叙事的隐喻与哲学。

那在《山海经密码》里，您其实想揭秘怎样的密码呢？

阿　菩：少年成长的题材对初写作者、对读者，都很容易代入，人人都曾少年。但至于要揭秘什么密码，对创作者未必有那么清晰的意图，是各位读者自行解读的，所谓一千个读者一千个哈姆雷特。

廖　琪：从第一部神话历史小说《山海经密码》到之后的历史小说《唐骑》（穿越到五代十国的中亚）、《边戎》（大宋王朝将倾的辽金夏）、《陆海巨宦》（穿越到明朝嘉靖时期）、《十三行》（大清首富），一幅幅时代的宏大卷轴展现在读者面前，一个个如蚁人物，命运浮沉，裹挟于时代大潮间……历史时间轴线上的重要朝代都被您做了一次史诗性演绎。

阿　菩：我比较喜欢唐朝，喜欢它的尚武精神、兼容并蓄、奋发开放，而不是宋朝文人式的内敛萎缩、自欺欺人，即使宋朝在艺术上达到了一定的高峰。《唐骑》最大的魅力就在于唐朝的符号，书里面描写的也都是唐朝的尚武精神，悲剧在于这群唐朝人安史之乱后流落西域的这伙失落的唐骑兵，登上舞台的时候，唐朝已经灭亡了。主角张迈带领他们踏入东归旅途，实际上就是对唐朝最强音、铁血男儿精神的向往。把视角投向西域，故事中的人物对"唐"有深厚的归属感，不管身在何处，从来不改变"唐人"的身份，一块"汉宣定胡碑"赚人热泪，以引起读者对民族、国家的认同感。

廖　琪：《唐骑》确实做到了！"大风狂飙，席卷万里，马蹄踏处，即为大唐"，到现在仍为读者津津乐道，振奋人心。与其说是穿越虚构历史，与其说是对大唐的召唤，不如说是对国家的认同。

廖　琪：《十三行》也是一个极其吸引人的广东故事、中国故事，随也是网络文学与地缘文化结合得很好的范例。上至王公贵族（和珅、乾隆、嘉庆、如妃），下至贩夫走卒、三教九流，各色人物粉墨登场，层层递进，布局巧妙，人物典型丰满，格局庞大，历史细节描写精准。《十三行》兼顾了纯文学的严谨厚重与网络文学的畅快好读。那么，在历史真实和小说虚构之间，如何做平衡？

阿　菩：历史真实是不能够平衡的，应该说历史事件跟小说虚构的艺术手法之间是可以平衡的。历史上的真实，作家不能用假的东西去冲掉它，弱化它，不能把真的变成假的，不能把黑的说成白的，把白的说成黑的。比如汪精卫，开棺定论就是汉奸，你把他写好了，这算什么？我的《十三行》，我是以清代世界首富伍秉鉴为创作原型，但我了解这个人，他有卖鸦片的嫌疑，这样一个人，我不想把美好的品德赋加到他身上，所以我塑造了"吴承鉴"（而非伍秉鉴）的角色形象：原本吃喝玩乐样样精通的顶级纨绔，面对父老兄病，内忧外患、群狼环伺的情况，努力保家业、争行首、成首富，最终站在那个时代的商业顶端。小说中我仅用了伍秉鉴的一些生平事情，用了曾经作为中国商业及金融帝国半壁江山的大清朝十三行的整个商业氛围和商业结构。通过一个个虚构人物，一件件虚构事件，用小说的艺术手法，尽量还原在那段历史惊心动魄的商海沉浮以及大清国家金融执政的历史面貌。

廖　琪：比如"大禹治水"的故事家喻户晓，但"三过家门而不入"的情感未必人人都懂。所以在您的《山海经·候人兮猗》里，涉及的商朝始祖、周朝始祖的诸多名人，是可考的，是历史真实；但禹（治水不力的罪臣鲧的后代）如何在自己的妻子涂山娇的帮助下，救万民于水火，重塑祖上荣光，直至得到了舜的承认登上帝位的故事，大禹与涂山娇的凄美爱情与艰难治水之旅，可以是虚构的，是艺术手法表述的。

阿　菩：可以这么说：情节和细节只要符合历史场景，符合社会和情感逻辑，符合人物性格，这样的想象和虚构是可以打动人心的，这也是历史小说的魅力所在。

廖　琪：对《十三行》的 IP 化，您有什么想法？

阿　菩：真正优质的 IP 是实事求是，不能完全靠造流量、造数据。这是需要自上而下的创新思维，高瞻远瞩的视野，也需要地方政府的鼎力支持。

媒介话语下网络文学现状与社会角色扮演

廖　琪：时至今日，网络文学在我国已走过 20 余载，一方面它的受众、辐射人群，提供原创作品的数量、被改编的影视作品、游戏和动漫数量及创造的经济价值，都是非常可观的天文数字，它成了一个时代的文学坐标。但另一方面，对它的批评之声也不绝于耳。纯文学与大众文学之间的鸿沟很深：纯文学越来越沦为少数人的圈子内的文学，纯文学（除了极少数经典的作品）对大众的影响越来越式微，传统出版严重萎缩。但被普罗大众追捧的可以实现作家经济自由又能创造辉煌经济价值的网络文学，因整体的良莠不齐而被掌握了话语权的精英评论家诟病，从根本上并未获得同等的尊重，掌握话语权的评论家骨子里透着一股对网络文学的傲慢与偏见，优秀的网络文学往往也是在成为正式出版物之后才获得某种权威的认同。不知您怎么看待媒介话语下这诸多悖论的文学存在现状？

阿　菁：这是一个很大的话题，先从文学的根儿上谈起。在中国文学的传统中，文体是有不同角色担当的：诗言志，词言情，文以载道，小说戏曲是人间的世道沧桑。从源流上看，网络文学沿着变文、评书、明清小说、民国鸳鸯蝴蝶派和近世以金庸、琼瑶为代表的港台通俗文学的轨迹一路走来，其儒学思想、侠义文化仍是中国传统文化的延续。出自民间的网络文学作品与群众有着天然的亲近，能够代表某种社会看法，并引起读者的共鸣。同时，这些作者们大多是基层劳动者，对时代的进步与发展有着直观的感知，这也使得作品拥有浓厚的时代气息和生活气息。在网络文学发展的 20 年中，它恰恰是把中国传统文化的精髓，与外国文学中的元素进行了融合，产生了适应互联网传播的、具有"网感"的作品，这才得到了中国读者的认可。

有人还在看不惯网络文学，"指点"网络文学，对它傲慢与偏见，这是天大的好事，说明网络文学还在鲜活地活着，还在蓬勃地发展着，还在源源不断地生成中。

当然，由于网络文学大多属于业余创作，且每位创作者都有着不同的知识背景，尽管出现了一些认识深刻、艺术精湛的作品，但很多作品的理论化、体系化程度仍旧有所欠缺，对某些事物的认知常停留在感性、直观的阶段。但对待网络文学不能因为部分缺陷而将其全盘否定，更为有效的办法是加强相关研究，用理论来引导创作实践，使优秀的作品不断产生，进而充分利用这个新形式，为人民群众提供更丰富的精神文化享受。

廖　琪：网络文学是否有经典化的可能性？

阿　菩：大众媒介的形成使网络文学的经典化建立了另一种生成逻辑和传承谱系。如今，我们很难否认金庸的武侠小说、福尔摩斯的侦探小说、罗琳的《哈利·波特》等早已成为现代读者受众心目中不可动摇的经典。在以往精英文化的经典观念中，经典是带有一种永恒性和超越性的，但是对于现代传播媒介影响下成长起来的大众而言，经典却是在与当下大众的互动中形成的，互动性与可接受性才是现代受众对经典性作品的直观理解。

如今网络小说的经典化远未成为一个事实，甚至还有很长的路要走，最为重要的任务就在于维护网络小说创新所必需的多元化的产业氛围。网络小说的电子存在形态注定了其永远具有一种未完成性与可修改性。而事实上，不论是中国还是西方国家，无论是古代还是当下，经典的形成，其实一直伴随着漫长的历史过程，在这一过程当中不断地经历生产、接受、阅读、修改、误读、批评等阶段，也因此，我们对网络小说经典化的形成，既要保持一种当下性的视野，又要具有一种历史眼光，在此基础上形成的网络小说批评，才能够真正发挥其应有的话语效应。

廖　琪：网络文学在当下社会文化生活中扮演着什么角色？

阿　菩：我们提到的网络文学，一个是广义的，就是所有在网络上传播的文字，我们都把它叫网络文学，微博、微信，抖音的文案，甚至一些广告……都可以称为网络文学。但现在我们一般说的网络文学是狭义的，就是我们所看的长篇连载的小说。它本身是小说，那么小说是什么？庄子是最先提出"小说"一词的人，在他那里"饰小说以干县令，其于大达亦远"，小说被称为浅薄琐屑的知识，班固《汉书·艺文志》中说道："小说者流，盖出于稗官，街谈巷语。"小说就是稗类，是杂草，所以网络文学就是我们生活中的杂草，杂草才有生命力，这是第一。第二它主要是承担了它应该扮演的角色——娱乐，它并不是正史，不是正式要去记载的东西。如果你要求所有网络作家都去记录大时代（一部分人愿意去做就好），网络文学可能就死掉了。

80后、90后作家作品则与当代都市生活，特别是青年人的生活，关联比较密切；而未来的写作又会与之前有一个很大的不同。我们知道，在纯文学之外，特别是网络文学，是与文学产业紧密联系的。受关注的作品不仅被读者阅读，还会被改编成电影、游戏、小视频，传播途径更加多样化。新的文学会更加注重娱乐性、休闲性，是用来消费的，是可以拿来"玩"的。这并不是什么新鲜事，也不是应该拿去哀叹的事。我们印象中的"文学"不应该仅仅是那种"大部头"的、读起来很"累"的东西，我们的文学观念应该更多元化。以后的文学要有生命，一定是要让读者读起来觉得很"好看"的东西。基于现在文学产业的发展，我认为再过五到十年，我们的文学写作和阅读将会发生巨大的变化。

廖　琪：短视频的崛起是否给网络文学带来了冲击？

阿　菩：就文本叙事，短视频也是迎合了当下的快餐文化，它是读者人群的细分，冲击了长视频，并没有冲击网络小说，因为从流量上看就知道了。网络小说其实不需要全民阅读，只要中国还有几千万人在读和愿意付费，已是一个很大的市场了，已经够养活网络文学了。

文学教育：中文系应该培养更多职业作家

廖　琪：一次梁晓声老师来广东，他说了一席话，给我的印象非常深刻：中国的高校，音乐系练声，舞蹈系练舞，唯有中文系学生，述而不作——不练笔，不写作；毕业也是以西方的标准——唯论文，而不是创作一部作品代之。

作为高校教师的您对此也更有发言权。新媒体环境下，高校文学创作与文学专业教育（包括网络文学）是怎样的情况呢？

阿　菩：我本人也是中文系毕业的，作为一个作者，我时常感到理论研究和创作之间有相互抵牾的一面。或者说，一个创作者如果在创作的时候过多地考虑理论，理论就会限制他的创作。我们知道，中文系的学生选择写作作为职业的比例很低。今天看来，"中文系不出作家"似乎在某种程度上已经成了大家所默认的常态，这其实是一个值得反思的现象。那么中文系专业教育应该如何引导学生进行写作呢？作为中文系的学生，在当今新媒体的语境下，又应该如何从事创作呢？我有几点思考：

第一，要降低文学创作的心理阈值。心理阈值太高，是阻碍中文系学生创作的最大的问题。中文系学生往往将文学看作很严肃、很困难、很崇高的事情，这导致他们很难下笔写作。中文专业也缺乏一个从易到难的写作教学体系。打个比方说，在网络游戏中，刚上手的新玩家是要先进入一个"新手村"，让你先从最简单的任务做起，逐步打怪升级。现在我们文学教育的问题就是，让刚进来的新手直接面对最高级的怪，新手当然就不想去打怪了，因为他打不过。我认为，写作其实应该和打怪升级的网游一样，一要轻松，从最简单的做起；二要有趣，对于写作者来说，写作应该是一件很快乐、很有吸引力的事情。

现当代文学学科的建立和运转依靠的是专业的文学研究者和评论家，缺少专职作家的加入。"美食家"多而缺少"厨子"，这也可能导致了我们专业教育中的许多问题。作者和评论者看待文学的视角和感受是截然不同的，得出来的结论也可能相差很远。作家很少参与学科建构和学科教育，也就导致中文专业教育领域缺少一种"作者"的视角，而全都是"评论家"的眼光。我认为，文学专业教育既要培养专业评论者、研究者，也要注重培养写作者；既要培养"美食家"，也要培养"厨子"；应该"两条腿走路"，而不应该是"瘸子"。

我们其实已经触及目前中文专业高等教育的一个基本问题，就是基础写作教育的欠缺。虽然现在有许多高校开办了写作班，但在教学和规模上完全无法与文学史、文学理论的教学相提并论。在大多数高校里，学生进入中文系以后，并没有人从基础开始来教他们如何写作。似乎作家不是"教"出来的，而必须凭天赋和自己的摸索，这其实是一个非常值得怀疑的偏见。我们知道，专业写作更大程度上是一个"技术活"，重要的是大量的实践，在实践中打磨技巧，天赋反而是次要的。而对于初学者而言，在刚踏上写作之途时接受有效的、正确的指导尤为重要。

第二，要改变对"作家"这个职业的认识。在文学"经典化"的研究和教育体系下，中文系学生从入学开始就只看到文学史上那些最顶尖的作家。"作家"于是被塑造成了一个遥不可及、

269

高不可攀的形象。中文专业的学生很容易产生一种认知偏差，认为如果要写作，就得成为莫言那种拿诺贝尔文学奖的优秀作家，或者至少要成为一个崇高的作家，用生命去创作的人。文学专业教育还给"作家"这一角色添加了很多道德的、责任的光环，"文以载道"也好，"究天人之际，通古今之变"也好，去追求固然不错，但它不能成为一个硬性标准去要求每一个写作者。因此，我认为我们需要给"作家"这个词祛魅，把它拉回现实生活当中。

作家作为一种职业，和其他的职业一样，也可以是日常的、平凡的，靠写作安身立命、养家糊口，凭自己的能力和劳力养活自己，并不是什么可耻的事情。我国有着庞大的人口基数和消费阅读市场，需要大量的职业作家为他们提供阅读内容。从大学生就业的角度来说，当一个职业作家也是中文系毕业生专业对口的选择。可我们中文系的学生往往愿意去考编制、考公务员、考研，千军万马过独木桥，很少人有将写作作为一种职业去选择的意识。产生这种认知偏差，恐怕也和我们的文学教育有关。

就我个人的经验来说，作家作为一种职业选择具有很多优势。首先，作家是自由职业，不用受时空约束，就业的成本不高，只需要有写作的基本工具——纸、笔或一台笔记本电脑，你就可以在任何时间和地点展开工作。其次，作家的收入也并不低。除了传统纸媒发表获取稿费之外，现在移动网络媒体上发表的渠道更加多样，一部作品有很多方式实现"变现"。新媒体时代给了职业作家更广阔的空间，更优越的条件去从事写作工作，作家身份和以往相比也发生了很大变化，而传统的"经典化"文学教育在这方面的认识是相对滞后的。

第三，要适应新媒体时代的写作发表环境。作家身份的变化主要与写作发表环境的变化相关。在新媒体环境下，传统的报纸杂志、书籍出版的影响力正在缩减，而各大文学网站、微信公众号、知乎、微博等成为发表和阅读的主要平台。新媒体平台阅读写作有着新的规则，需要写作者去了解和适应。比如市场导向的点击率经济，读者和作者互动直接影响创作的交流模式，从文学顶层向下逐级转化（影视、游戏、小视频、IP形象）的规律等。建议初学者可以先依次阅读各大文学网站排行榜上的作品，从模仿学习开始，逐渐找到自己的创作风格。